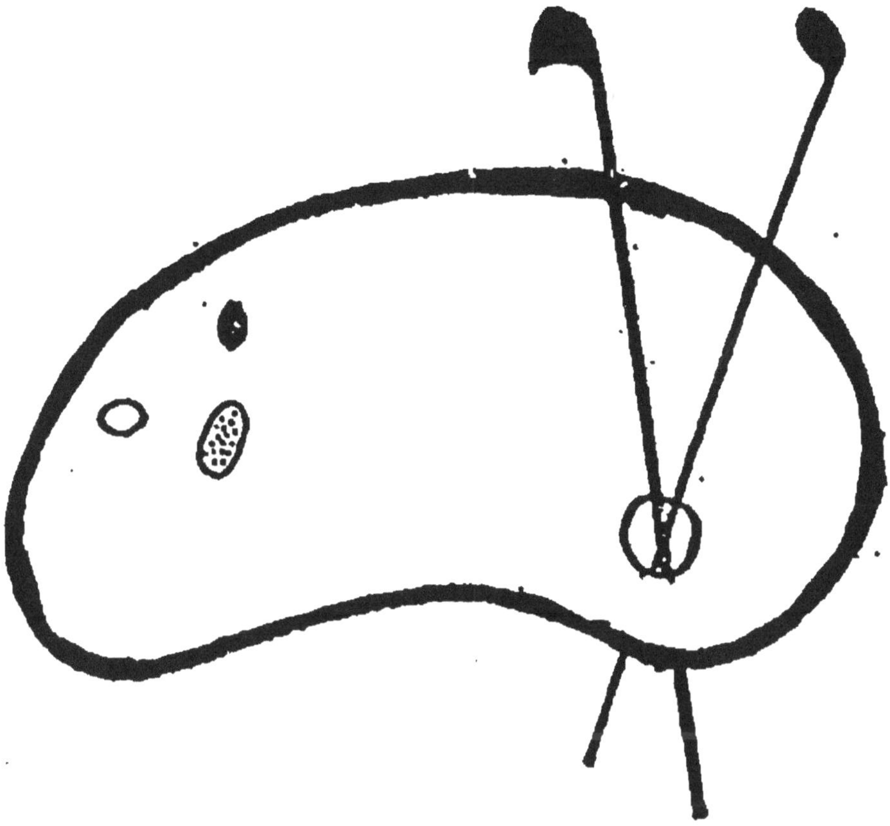

DEBUT D'UNE SERIE DE DOCUMENTS
EN COULEUR

NICOLAS MACHIAVEL

BRÉVIAIRE RÉPUBLICAIN

Cent pensées, maximes, observations, etc.

TIRÉES DES DÉCADES DE TIVE-LIVE

et offertes aux méditations des fondateurs de Républiques modernes

PRIX : 2 FRANCS

PARIS
ALPHONSE LEMERRE, ÉDITEUR
27-31, PASSAGE CHOISEUL, 27-31

M DCCC LXXXV

Paris. — Imp. Collombon et Brûlé, 22, rue de l'Abbaye.

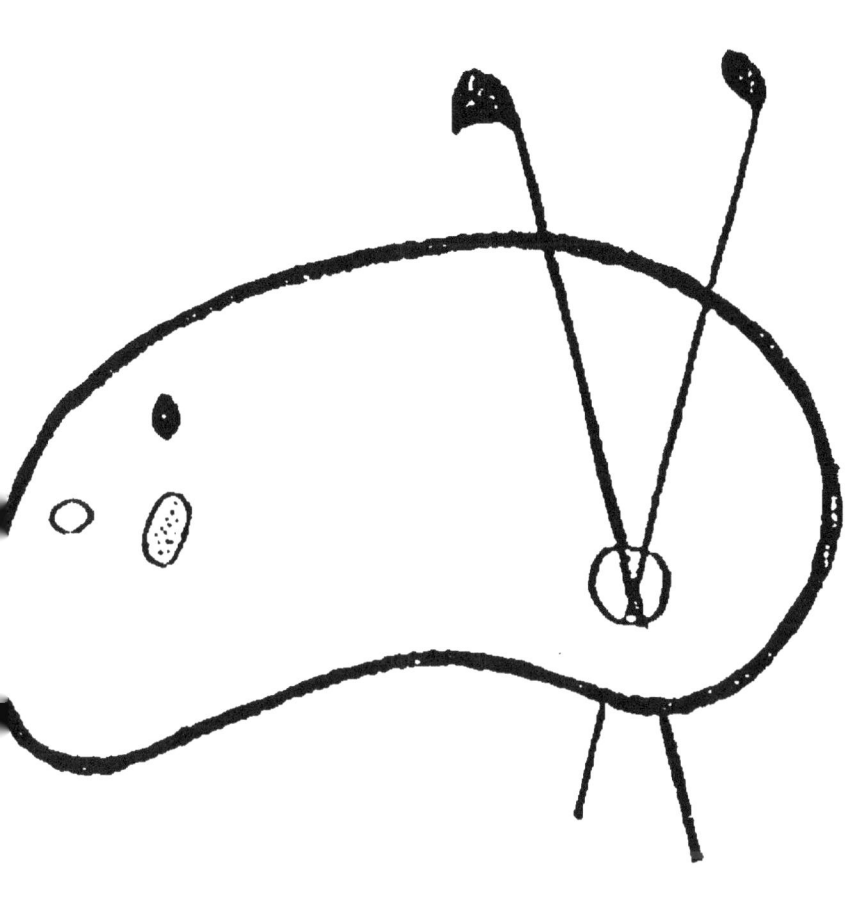

FIN D'UNE SERIE DE DOCUMENTS
EN COULEUR

MACHIAVEL

BRÉVIAIRE RÉPUBLICAIN

NICOLAS MACHIAVEL

BRÉVIAIRE RÉPUBLICAIN

Cent pensées, maximes, observations, etc.

TIRÉES DES DÉCADES DE TITE-LIVE

et offertes aux méditations des fondateurs de Républiques modernes

précédées de

MACHIAVEL RÉPUBLICAIN

ÉTUDE CRITIQUE ET BIOGRAPHIQUE

par

JULIEN LEMER

PARIS

ALPHONSE LEMERRE, ÉDITEUR

27-31, PASSAGE CHOISEUL, 27-31

MDCCCLXXXV

MACHIAVEL RÉPUBLICAIN

I

Machiavel fut-il un poète comique immoral et obscène ? Lisez la *Mandragore*, dont la représentation réjouit si fort le Pape Léon X et sa cour de cardinaux et de monsignori. Lisez même *Clizia, la proxénète Apollonia,* et *le Moine rusé.* Vous reconnaîtrez que ces pièces, sans être des chefs-d'œuvre qui égalent les meilleures comédies de Molière, comme le soutenait Algarotti au président de Brosses, sont des tableaux très vivants de la société florentine au commencement du XVIᵉ siècle, fournissant, comme on dit aujourd'hui, des *documents humains* sur les mœurs de l'époque et du pays où elles furent écrites, et peints avec une sincérité de dessin et peut-être une crudité de couleur qui paraîtraient à peine suffisamment *naturalistes* à quelques-uns de nos contemporains, — au demeurant des compositions dramatiques d'une valeur littéraire et d'une habileté scénique bien supérieures à toutes les comédies du même temps, sans en excepter celles du cardinal Bibbiena et celles de l'Arioste.

Et pensez que *la Mandragore* est de 1504, — cent cinquante-cinq ans avant les *Précieuses ridicules*!

II

Autre question. Au point de vue de l'histoire, de la philosophie politique, de la morale sociale et religieuse, Machiavel est-il ce monstre de duplicité, de cynisme, de fourberie, de perfidie, que ses détracteurs, le président Gentillet, auteur de *l'Anti-Machiavel*, le roi de Prusse Frédéric II, Grégoire, l'Allemand Star-Numann et tant d'autres à la suite, semblent se plaire à stigmatiser? Est-il ce conseiller de mensonge, ce fauteur de tyrannie hypocrite à qui les dictionnaires français eux-mêmes ont infligé une sorte de flétrissure en substantivant son nom pour caractériser la politique la plus odieusement perverse (*le machiavélisme*), comme si la duplicité, la rouerie, la mauvaise foi politique, celle que les Romains appelaient *fides punica*, — que les Français ont pu qualifier à diverses reprises de *fides anglica* et de *fides germanica*, — n'étaient pas antérieures de bien des siècles aux écrits de Machiavel?

III

Ce grand inculpé ne mérite-t-il que les circonstances atténuantes qu'ont plaidées en sa faveur quelques critiques studieux et bienveillants, tels que le chevalier Artaud, M. Avenel, M. Buchon, — et particulièrement et avec plus d'énergie que tous les autres, l'illustre historien anglais Macaulay, de qui nous citerons tout à l'heure quelques fragments, — en alléguant pour excuser la prétendue immoralité des principes de Machiavel, la corruption du milieu social dans lequel il a vécu?

Suffit-il même pour réhabiliter sa mémoire, traditionnellement outragée par une opinion publique moutonnière, de l'Apologie très érudite et parfois très éloquente, mais malheureusement trop peu connue, dont le manuscrit inachevé se trouve dans les cartons de notre Bibliothèque Nationale ? Nous ne le pensons point. Nous croyons utile toutefois de reproduire quelques lignes de la préface de cette apologie en conservant rigoureusement l'orthographe de cet écrit qui doit dater vraisemblablement du milieu du XVIIe siècle, puisque l'auteur cite comme Pape régnant Innocent X, dont le pontificat dura de 1644 à 1655.

« Il semble, dit-il, que Machiavelle soit l'autheur et la source de tous les crimes, de toutes les malices, et de toutes les impiétés qui se commettent dedans la politique, puisqu'il est le seul auquel on impute tous les maux qui s'y font et toutes les perfidies qui se rencontrent dans le gouvernement des affaires publiques. Ses maximes ne sont point nouvelles, elles sont aussi vieilles que le temps et les estats ; il en cotte les faits et les exemples, oultre que les histoires les plus approuvées, et les livres les plus sacrés laissent garants de la doctrine qu'il propose et de tout ce qu'il met en avant. Il n'enseigne rien de particulier ny d'inouy, mais raconte seulement ce que nos prédécesseurs ont fait, et ce que les hommes d'aujourd'huy prattiquent utilement, innocemment, et inévitablement. Il fait plus voir la tromperie des grands qu'il ne l'augmente, et ne l'approuve, et pour descouvrir leurs fourbes, leurs injustices et leurs surprises, il ne les conseille pas pour cela, mais donne les moiens de s'en garder, et de s'en deffendre aux occasions...

« Et si Machiavelle fait voir que l'impie abuse de la religion ; que le perfide n'a point de foy ; que l'ambitieux n'a point de bornes ; que le trompeur n'a pas de lois que ses intérests ; que les tirans sont plus tost des bourreaux, que non pas des rois ny des pères du peuple, il ne conclut pas pour cela que touttes sortes de princes et de politiques vertueux et craignans Dieu en doibvent faire de mesme; au contraire il abhorre l'irréligion, il rejette la perfidie, il ne peult souffrir l'ambition desréglée, et condamne partout le vice, la cruauté et la tirannie. Il blasme et déteste la calomnie et la mesdisance avec plus d'aigreur et de sévérité, que non pas les pères de l'église les plus austères et les plus retenus.....

« Machiavelle, qui est né dedans un siècle le plus corrompu, et dedans un païs le plus abondant pour lors en exemples de perfidie, de lascheté, d'impiété et de tous les austres vices que l'histoire ait jamais remarqué, ne parle en ses escripts que des choses dont il a esté tesmoing, et n'apporte quasi point d'aultres preuves pour les authoriser que ce qu'il a veu ; il les représente comme elles se sont passées, mais non pas comme elles se debvoient faire. Le comique Philoxène estant interrogé pourquoy il avait accoustumé de représenter les femmes toujours mauvaises, et de blasmer sans cesse leur humeur en touttes ses comédies, veu que Sophocles, excellent poëte tragique, les despeignoit toujours bonnes, gentilles et aggréables, ne faisant aucun acte publique où il ne leur donnât quelque éloge et quelque titre de gloire, respondit : que luy les descrivoit telles qu'elles estoient, et que l'autre les représentoit telles qu'elles debvoient estre. Ainsi nostre autheur descrit les princes et leurs ministres tels qu'ils sont, mais non pas tels qu'ils debvroient estre; il les considère comme des hommes et non pas comme des anges; il les contemple dedans leur chute et non pas dedans l'estat de leur innocence; il connoît que le monde n'est qu'un brigandage, il en descouvre le mal et ne le flatte point; il enseigne comme il fault vivre sur la terre pendant que nostre misère nous y attache, sans mettre en jeu les choses de l'aultre monde qui sont tellement réglées, sans nous, et avant nous, que nous n'y pouvons rien que le respect et l'obéissance. Quantité d'esprits bourrus et délicats de leur propre foiblesse ne pouvant supporter la naïveté de notre autheur, faschés de leur laideur et de leurs deffaults particuliers, prenans l'espouvente et s'allarmans d'eux mesmes, se sont imaginés qu'ils cacheroient et couvriroient leur honte et leur difformité en taschant de rompre et de casser le miroir et la glace qui les représentoient; et pour ce faire ont employé tous leurs efforts, tous leurs soings, et touttes leurs veilles pour condemner les escripts de ce grand homme, sans justice, sans raison, et sans fondement quelconque; et ce avec tant de chaleur, de haine, et de passion, qu'ils se sont plus descriés eux-mesmes que celuy qu'ils ont voulu blasmer, puisqu'ils n'ont descouvert que leur ignorance, et leur calomnie, plus tost que l'erreur et le poison dont ils veulent altérer et corrompre la doctrine de cest incomparable et prudent politique. La plupart de ses adversaires sont plus malades et plus dignes de compassion que celuy qu'ils prétendent descrier...

« Il n'y a point de livres où les princes soïent moins flattés, ny leur pouvoir moins altéré, que dans ceux de ce Florentin; et ceux qui taschent de les supprimer, et de les arracher des mains qui tiennent les sceptres, ce sont des ennemis des rois, des conseillers infidèles, et des gens qui prétendent à l'authorité souveraine, parce qu'ils veulent la ruiner, ou du moins la partager en la corrompant. »

L'apologiste anonyme, dont nous ne pouvons admettre le point de vue autoritaire et monarchique en ce qui concerne le rôle et les devoirs des princes, continue, dans le corps de son mémoire, à protester avec la plus grande énergie contre les accusations auxquelles Machiavel a été en butte, il signale les erreurs, les calomnies, les citations inexactes et tronquées des détracteurs du grand Florentin, qu'il compare à notre Commines et s'attache à accumuler les exemples historiques à l'appui des théories politiques de l'auteur du *Prince*; mais ce que semble surtout avoir à cœur cet avocat érudit c'est de défendre son client contre les imputations d'irréligiosité, à propos du rôle que la religion doit jouer dans l'Etat, car il consacre à cette matière la plus grande partie de sa plaidoirie, pour laquelle il va chercher des exemples et des arguments, non seulement dans Moïse et dans les Pères de l'Église, mais jusque dans les factums des jésuites Contzen et Ribadeneira, qui, eux aussi, ont écrit des sortes d'Anti-Machiavel.

Non certes, l'apologie anonyme, si passionnée qu'elle soit, pas plus que les critiques bienveillantes et timorées, ne peuvent satisfaire celui qui a étudié, au point de vue des temps modernes, les écrits de Machiavel, le lecteur patient, impartial et opiniâtre qui a cherché à pénétrer le fond de la pensée du grand philosophe politique et à dégager — de la juxtaposition de textes en apparence contradictoires, des nécessités et des vicissitudes de l'homme privé, des luttes et des aspirations du citoyen, — le génie, le caractère et l'âme du célèbre Florentin.

IV

Ainsi, après plusieurs lectures comparatives des diverses œuvres de Machiavel, de sa correspondance et de ses commentateurs, nous avons été amené à conclure qu'il en est de l'immoralité de ses écrits politiques et de sa vie comme de celle de ses comédies, que, calomnié pendant sa vie et après sa mort par des adversaires intéressés de même que le fut notre grand écrivain politique Proudhon, — à qui Besançon se dispose à élever une statue, — il n'a pas cessé de l'être depuis trois siècles et demi, que la question de la valeur et de la portée du personnage et de ses écrits demeure entière, et constitue un de ces grands procès historiques que la Postérité continue d'instruire, sur lesquels elle n'a pas prononcé le dernier mot et dont on peut dire :

Politici certant, et adhùc sub judice lis est.

Macaulay lui-même, l'éminent historien anglais, dans un remarquable article de la *Revue d'Edimbourg*, consacré à une étude sur Machiavel, après avoir, avec son admirable sagacité de critique, reconnu les hautes qualités d'écrivain et d'homme d'État spéculatif de l'auteur de l'*Art de la guerre* et des *Décades de Tite-Live,* du délégué de la République de Florence dans les principaux États de l'Europe,—l'avoir éloquemment défendu contre les soupçons d'une odieuse complicité et d'une abominable collaboration avec ce génie malfaisant, César Borgia, ce duc de Valentinois qui, sous la pourpre cardinalice et sous la couronne ducale, s'illustra par les vices les plus monstrueux, par les perfidies les plus éhontées et les cruautés les plus atroces,—après avoir fait ressortir de « la noble et pathétique exhortation qui termine *le Prince* », la pureté des sentiments patriotiques de Machiavel, — après avoir affirmé que si LE PRINCE expose les progrès d'un prince ambitieux, les *Discours sur Tite-Live* exposent ceux d'un peuple ambitieux, — Macaulay lui-même se laisse entraîner sur la pente où ont glissé tous les apologistes, la pente des circonstances atténuantes.

« Quant au genre d'immoralité, écrit-il, qui a rendu *le Prince* impopulaire et qu'on retrouve presque au même degré dans les *Discours* (affirmation, à notre avis, très contestable) il faut moins en accuser Machiavel que son siècle. Toutefois, nous ne pouvons nous dissimuler que c'est une grande tache, et qu'elle diminue beaucoup le plaisir qu'à d'autres égards ses écrits doivent procurer à tout esprit éclairé. »

Et il s'empresse d'ajouter, comme pour atténuer la sévérité de ce qu'il vient d'écrire, la page suivante qui suffirait à consacrer la gloire d'un grand homme :

« Il est impossible de concevoir un esprit plus sain et plus vigoureux que celui que ces ouvrages indiquent. Les qualités de l'homme d'État actif, et celles de l'homme d'État spéculatif s'y trouvent réunies et combinées d'une manière vraiment admirable. Les connaissances positives de Machiavel dans les affaires n'avaient point diminué son aptitude aux généralisations ; elles n'avaient servi qu'à leur donner ce caractère pratique qui les distingue si complètement des vagues théories de la plupart des philosophes politiques. Tout homme qui connaît le monde sait qu'ordinairement il n'y a rien de plus inutile qu'une maxime générale. Presque toutes sont des lieux communs ; et, lorsqu'elles sont spirituelles et piquantes comme celles de La Rochefoucault, elles sont bonnes seulement à servir d'épigraphes à un livre. Mais les principes de Machiavel sont dans une catégorie très différente ; et c'est, selon nous, en faire le plus grand éloge, que de dire qu'ils peuvent être d'une utilité incontestable dans beaucoup de circonstances de la vie réelle. Sans contredit il y a des erreurs dans ses ouvrages ; mais ce sont des erreurs qu'un écrivain placé dans la situation de Machiavel pouvait difficilement éviter. Elles résultent pour la plupart d'un seul défaut qui se reproduit dans tout son système. Dans ses théories politiques, il avait considéré beaucoup plus profondément les moyens que le but. (Est-ce bien exact ?) Le grand principe, que les lois et les sociétés n'existent que pour augmenter le bonheur individuel, n'avait pas encore été suffisamment reconnu, la prospérité du corps politique, indépendamment de celle de ses membres, paraît être l'unique objet du publiciste florentin. (N'est-ce pas l'excès de son patriotisme républicain que Macaulay reproche là au grand citoyen italien ?) De toutes les erreurs politiques, c'est probablement celle qui a eu les conséquences les plus funestes. L'état social dans les petites républiques de la Grèce, les rapports de dépendance matérielle où se trouvaient leurs citoyens, et la sévérité des lois de la guerre, tendaient à encourager une opinion qui, dans des circonstances semblables, pouvait à peine être considérée comme une erreur. Les intérêts de chaque individu étaient étroitement unis à ceux de l'État. Une invasion détruisait les vignobles et les champs ensemencés du citoyen ; une victoire doublait le nombre de ses esclaves ; une défaite pouvait le rendre esclave lui-même. Des causes semblables à celles qui avaient agi si puissamment sur les dispositions des Grecs, n'eurent pas moins d'influence sur le caractère plus timide des Italiens. Ils étaient également divisés en petites communautés politiques. Chaque individu était fortement intéressé au bien-être de la république dont il était membre ; il participait à sa richesse, à sa pauvreté, à sa honte, à sa gloire. Cela était vrai surtout du temps de Machiavel. De simples particuliers possédaient d'immenses fortunes mobilières. Les conquérants du nord avaient mis la disette sur leur table, l'infamie dans leur lit, le fer sous leur toit et le couteau sur leur gorge. Il était naturel qu'un homme qui vivait à une époque telle que celle-là s'exagérât l'importance des mesures qui peuvent rendre une nation formidable, et qu'il s'occupât peu de celles qui auraient augmenté la prospérité intérieure. Rien n'est plus remarquable dans les réflexions politiques de Machiavel que la sincérité qu'elles annoncent. Cette sincérité n'est pas moins visible quand il se trompe que lorsqu'il a raison. Jamais il n'avance une opinion qui soit fausse, en se laissant séduire par sa nouveauté, parce qu'il peut la revêtir d'une expression brillante, ou la soutenir par un sophisme ingénieux. Ses erreurs s'expliquent toutes par les circonstances dans lesquelles il se trouvait. Il ne les a pas cherchées ; elles étaient, pour ainsi dire, sur sa route, et ne pouvaient guère être évitées. Les écrits politiques de Machiavel tirent un intérêt particulier du sentiment profond qu'il témoigne chaque fois qu'il touche un sujet qui lui rappelle les infortunes de sa patrie. Il est impossible de concevoir une situation plus douloureuse que celle d'un grand homme obligé d'assister à l'agonie d'un grand peuple ; d'être témoin de ces alternatives d'exaltation et d'accablement qui précèdent la dissolution ; de voir tous les signes de vitalité disparaître un à un, et la mort s'emparer successivement de toutes les parties du corps social. Telle fut la triste destinée de Machiavel. Quoiqu'il ne fût pas resté étranger à l'immoralité politique de son siècle et de son pays, il paraît qu'il était plutôt impétueux et austère, que souple et artificieux. Quand la dégradation de Florence fut complète, renonçant aux formes méticuleuses de ses compatriotes, il ne fut plus le maître de contenir son dépit ; il l'exhalait dans tous les écrits qu'il publiait. Afin de se consoler des malheurs de l'Italie, il aimait à se rappeler son ancienne gloire. Le souvenir des faisceaux de Scipion, de la gravité de la chaise curule, des pompes sanglantes des sacrifices triomphaux, se reproduit sans cesse sous sa plume. Il voudrait rétrograder dans le passé, et se retrouver à cette époque mémorable où huit cent mille Italiens se levèrent comme un seul homme, au bruit d'une invasion gauloise. On dirait qu'il respire l'âme de ces fiers patriciens qui oublièrent les liens les plus chers de la nature dans l'accomplissement de leurs devoirs publics, méprisèrent également l'or et les éléphants de Pyrrhus, et reçurent, avec une physionomie impassible, la nouvelle des désastres de Cannes. Ces sentiments ne se faisaient pas seulement apercevoir dans les écrits de Machiavel, il les manifestait aussi dans ses conversations. On raconte que, renonçant à toute bienséance sociale, il se livrait aux accès d'une gaîté cynique et amère, il trouvait un plaisir cruel à faire sentir à ses concitoyens leur avilissement et à leur reprocher leur honte; il les poursuivait partout de ses durs sarcasmes. Le vulgaire ne pouvait comprendre quelles émotions profondes se cachaient sous cette gaîté feinte et sous ces folies d'un sage. »

Tout citoyen qui, témoin des abandons et des décadences de sa patrie, n'a pu s'empêcher, le cœur plein d'angoisses, de railler, tout en en gémissant, les platitudes et les bassesses de ses contemporains, en même temps que les ridicules infatuations des incapables à qui ils livraient les destinées d'une grande nation, comprendra aujourd'hui les excentricités patriotiques de Machiavel, étant donné surtout le caractère d'esprit de ce grand homme. Mais ce que nous ne comprenons pas, c'est que ni Macaulay, ni aucun des biographes de bonne foi de l'auteur du *Prince* n'ait trouvé précisément dans cette attitude de l'illustre italien, le secret du sentiment qui lui a inspiré successivement les pensées, les maximes si libérales des *Discours sur Tite-Live* et les principes si autocratiques et si cruels en apparence du *Prince*, et n'en ait tiré l'explication logique des contradictions très réelles, quoiqu'en dise Macaulay, qui existent entre ces deux livres.

V

Mais, dira-t-on, comment expliquer la multiplicité des détracteurs de Machiavel, la diversité des attaques lancées par des hommes de toutes les écoles, de tous les partis politiques, professant les opinions les plus contradictoires ?

C'est en se pénétrant bien des hautes qualités de cet homme éminent, de l'élévation de ses sentiments, de la sincérité de sa dialectique, de la logique de ses idées et de ses raisonnements, de sa tendance naturelle à l'ironie que l'on parvient à se rendre compte de ses contradictions apparentes et des contradictions très réelles de ses adversaires.

VI

Un résumé rapide de la vie politique de Machiavel nous mettra peut-être sur la voie de cette explication.

Né en 1469 d'un père jurisconsulte et d'une mère lettrée, il grandit à une époque et dans un milieu où l'on professait un goût passionné pour les choses de l'esprit. Dès 1494, il commença à étudier la politique et apprit à aimer et à servir la république de Florence dans le cabinet de Marcello Virgilio, l'un des principaux membres du gouvernement. Quatre ans après, à l'âge de 29 ans, il était nommé au concours, par décret du Conseil suprême, chancelier de la deuxième chancellerie, et, quelques jours plus tard, chargé des fonctions de secrétaire du gouvernement de la république (office des Dix de liberté et de paix).

Cet emploi important, qui le fait désigner dans tous les écrits contemporains sous le nom de *Secrétaire Florentin*, comportait dans ses attributions multiples, non seulement la correspondance générale de la république, l'enregistrement des délibérations des conseils, la rédaction des traités avec les Etats et les princes étrangers, mais encore les missions les plus considérables et les plus délicates auprès des gouvernements et des souverains dont la république croyait avoir intérêt à capter la sympathie, à faire observer et surveiller les agissements, à sonder, à pressentir les intentions secrètes.

C'est ainsi que, dans l'espace de moins de quatorze ans, tout en écrivant ses comédies, ses poèmes et ses fantaisies littéraires, Machiavel représenta la République de Florence, non pas, comme le disent la plupart des biographes, dans vingt-trois, mais bien dans trente-deux légations, quelques-unes à l'intérieur du territoire de la République, un grand nombre auprès de princes étrangers et d'armées en campagne.

Parmi ses missions extérieures, il faut particulièrement signaler ses quatre légations à la cour de France, ses deux légations à Rome, les missions qu'il remplit auprès de l'empereur et celle dont il fut chargé à la cour du duc de Valentinois. Ces huit campagnes diplomatiques, qui toutes présentent un puissant intérêt historique, figurent dans ses correspondances politiques par deux cent vingt lettres et dépêches dont la plupart sont des modèles curieux et excellents à étudier. Nous voudrions voir un choix de ces lettres offert en lecture aux apprentis diplomates jeunes ou vieux dans les manuels spéciaux. Ils y trouveraient non seulement des exemples de conduite et d'attitude diplomatiques, mais aussi un modèle constant du style sobre et substantiel à la fois, qui convient à ces sortes de communications. On n'y sent ni le poëte, ni le rhéteur, et, si parfois le philosophe s'y laisse deviner, ce n'est que par courtes échappées, en de légères insinuations ironiques, jamais en déclamations boursouflées. Le plus souvent il laisse au lecteur le soin de tirer lui-même les déductions des faits qu'il raconte, des observations qu'il enregistre.

Et cependant, comme le dit Macaulay, il est peu de lectures aussi attachantes, aussi agréables que celle de ces correspondances, dans lesquelles on voit revivre et s'agiter, sous la plume d'un observateur sagace mais froid en apparence, ces ambitions turbulentes, ces cours corrompues du commencement du xvi° siècle, ces mœurs fastueuses et dissolues des gens d'église qui vont bientôt susciter les indignations et les révoltes de Martin Luther.

Machiavel, lui, ne s'indigne pas, ne proteste pas ; il se borne à raconter. Est-il à la cour du duc de Valentinois, il ne s'attache pas à peindre ce prince sous des couleurs odieuses. Seulement, après le récit d'une conversation qu'il a eue avec lui, il ajoute : « La Seigneurie, instruite des discours de Son Excellence, dont je ne lui rends pas la moitié, les pèsera avec sa prudence ordinaire, en *faisant attention à leur auteur.* » Quelques jours plus tard discutant avec un ami qui paraît être dans l'intimité du duc et voudrait faire conseiller à la République de Florence de confier le commandement de ses armées à ce prince, après avoir rétorqué ses arguments, il conclut ainsi : « Ce « n'est pas, ajoutai-je, que je ne croie pas à la « bonne foi du duc; mais je connais la prudence « de la Seigneurie, et je sais que les Etats doivent « être circonspects et ne jamais s'exposer à « être trompés. »

Puis *passim*, dans ces cinquante-deux lettres, qu'il faut lire attentivement — et dont la lecture est pleine de charme, — le sentiment de la légitime défiance que lui inspire César Borgia, défiance teintée de la nuance de mépris que comporte la réserve d'une dépêche diplomatique, apparaît en mots plus ou moins couverts :

« Je prie la Seigneurie de m'excuser, en faisant attention que les choses ne se devinent pas, et que nous avons affaire ici à un prince qui gouverne par lui-même : pour ne pas s'exposer à mander des rêveries, il faut étudier le terrain. »

« Le duc écoute tout, mais dans quelles vues? C'est ce que l'on ne sait pas, et ce qu'il serait fort difficile de deviner avec certitude. »

« Tous ceux qui se mêlent de raisonner ne savent trop que penser des projets du duc, qui se rend ici avec ses troupes et ne licencie pas un seul Français, quoiqu'il ait traité avec ses adversaires. Après bien des détours, on en revient à croire que son dessein est de s'assurer de ceux qui l'ont si cruellement humilié, et qui ont été sur le point de le dépouiller de ses Etats. L'exemple du passé empêche de s'arrêter à la considération des traités de paix qu'il a conclus avec eux. »

« Je vous rends, magnifiques Seigneurs, ses propres paroles; mais quoique je l'aie vu et entendu les prononcer, je ne puis vous rendre la manière avec laquelle il l'a fait; je m'en crois à peine moi-même. Il m'a semblé de mon devoir de vous transmettre ses offres de service. En les appréciant, vous penserez sûrement qu'il est bon à lui de les faire, *mais qu'il sera encore meilleur pour vous de n'être pas obligés de vous en servir.* »

A propos du traitement infligé à Ramiro, il ne récrimine pas contre l'ingratitude des princes, il se borne à raconter l'évènement en ces termes, dans sa dépêche du 23 décembre 1502. « Ramiro, qui était l'un des plus accrédités dans cette cour, est arrivé hier de Pesaro, et a été sur le champ enfermé au fond d'une tour, par ordre du duc. » Et dans celle du 26 : « On a trouvé ce matin sur la place, le corps de Ramiro divisé en deux parties. Il y est encore, et le peuple entier a pu le voir. On ne sait pas au juste la cause de sa mort. Ce que l'on peut en dire de plus probable, c'est que telle a été la volonté du duc, pour montrer qu'il a le pouvoir d'élever ou d'abattre les hommes à son gré. »

A cinq jours de là, l'épouvantable tragédie de Sinigaglia, où les Orsini et Vitellozzo, auquel le duc devait la possession de cette place, furent traîtreusement arrêtés en sa présence, et par ses ordres, pour être ensuite massacrés, ne lui inspire pas plus d'indignation apparente. Son récit est d'une sobriété qui semble presque de la sécheresse. Il est vrai que ces condottieri étaient des ennemis de Florence, qui complotaient avec les Vénitiens la ruine de la République et le rétablissement des Médicis, et que Borgia, en se vengeant lui-même, rendait aux Florentins qu'il débarrassait d'ennemis dangereux, un signalé service qu'il comptait bien leur faire payer. Mais ce qu'il faut considérer surtout, pour s'expliquer la réserve de Machiavel dans ses appréciations, c'est la prudence que lui imposait sa situation de délégué et de médiateur à la cour d'un prince, qui ne se serait fait aucun scrupule de violer le secret de ses correspondances.

On voit plus clairement son opinion sur ce personnage, lorsque, l'année suivante, délégué auprès du nouveau pape Jules II, il écrit : « Le duc se laisse aveugler par une confiance présomptueuse. Il croit que la parole des autres vaut mieux que la sienne. » — Et plus loin : « Les paroles du duc affectèrent ce dernier (le cardinal d'Amboise) et lui firent dire que Dieu, qui n'avait jamais laissé aucun crime impuni, ne voulait pas que ceux de César Borgia le fussent. »

Il faut voir du reste, avec quelle âpreté Machiavel insiste dans cette correspondance de Rome, sur le désir qu'a le pape de se voir débarrassé du duc, et avec quel dédain il conclut, lorsque celui-ci est arrêté, par cette phrase : « Puisque le duc est pris, qu'il soit mort ou vif, on peut agir dorénavant sans s'occuper de lui. » Il n'épargne d'ailleurs pas les sarcasmes au souverain Pontife qui, pour assurer son élection, avait pris tant d'engagements contradictoires avec les uns et les autres, et avec le duc lui-même. A propos des ordres qu'on disait avoir été donnés par le pape de jeter le duc dans le Tibre, il écrit : « On croit que ce pontife commence à payer très honorablement ses dettes; l'encre de son écritoire suffit pour cela. » Il est curieux de voir, dans cette correspondance de 1503 et dans celle de 1506, lors de sa seconde légation à Rome, avec quelle finesse il juge la politique astucieuse de ce pape turbulent et belliqueux.

Les lettres relatives à la mission dans laquelle il secondait, en tenant la plume, l'ambassadeur de la république François Vettori auprès de l'empereur Maximilien Ier qui s'annonçait comme résolu à envahir l'Italie pour aller se faire sacrer à Rome, ne témoignent pas de moins de souplesse, de sagacité et d'ardeur à plaider la cause de sa chère

Florence. Avec quelle transparente réserve il peint ce souverain si mystérieux, si instable en ses desseins et si mal servi par la Diète des Etats !

Il se montre moins réservé lors de sa légation, en 1509, à Mantoue, où il s'est rendu pour payer à l'envoyé de l'empereur les 10,000 ducats promis par la république et il laisse échapper la boutade que voici, qui trahit le fond de sa pensée sur le régime monarchique : « ... je partirai pour Vérone, afin de me trouver au lieu où naissent, ou pour mieux dire, où pleuvent les mensonges, genre de denrée plus abondante encore à la cour que sur les places publiques. »

Faut-il raconter les prodiges d'habileté qu'il accomplit dans ses quatre légations à la cour de France, surtout dans la troisième, où il lui fallait excuser la république de ne pas s'être opposée à l'expédition de Jules II contre Gênes, obtenir que Florence ne se dégarnît pas de troupes et éviter de la compromettre avec le Saint-Siège ? Mais les aptitudes et la finesse politiques de Machiavel ne sont pas ici en question ; ce que nous tenons surtout à signaler, c'est la profondeur d'esprit d'observation, la hauteur de vues dont fait preuve ce républicain italien dans ses peintures pleines de réserves et de sous-entendus, dans ses jugements sur cette cour si corrompue, peintures et jugements où il laisse deviner sa pensée, plutôt qu'il ne la dit.— Car là, il sait pertinemment que ses correspondances sont ouvertes; il dit même dans une de ses lettres qu'il s'en est plaint hautement à Robertet. — Toutefois il parle en termes assez clairs des présents en argent promis au cardinal d'Amboise, au maréchal de Chaumont, à Robertet et, sans s'indigner de la vénalité de ces tout puissants seigneurs, affirme qu'il est indispensable, avant tout, de les payer si l'on veut obtenir quelque chose.

Et pourtant s'il n'est pas ému de cette vénalité dont le roi Louis XII lui-même donnait l'exemple, ce n'est pas qu'il prenne sa part des présents qu'il fait faire par la république aux grands de la cour. Ses correspondances nous le montrent durant tout le cours de ses quatre missions en France, de même que dans la plupart des autres, en proie à une pénurie extrême, réduit à emprunter de côtés et d'autres, non pas pour pourvoir aux moyens de représenter avec éclat la magnifique Seigneurie de Florence, mais même pour subvenir aux besoins les plus indispensables à la vie, — à ce point que, tout en sachant bien qu'il se servait de formules officielles, on est tenté parfois de sentir une sorte d'arrière-ironie dans cette pompeuse appellation de « Magnifiques Seigneurs » adressée aux hommes qui le laissent à l'étranger se débattre contre les appréhensions d'une misère relative.

Aussi a-t-il généralement hâte d'être remplacé par un ambassadeur, — particulièrement dans sa troisième légation, — où il voudrait, à tout prix que Florence évitât de laisser s'entamer entre le roi de France et l'empereur d'Allemagne un accommodement qui se concluerait forcément aux dépens de l'Italie. Mais c'est sur le compte de tous les Italiens qui se trouvent en France qu'il met cette opinion hardie (qui était bien la sienne, et dont il avait probablement l'initiative) : « ... pour conjurer l'orage qui les menace il faut employer tous les moyens nécessaires pour engager le pape à s'accommoder avec le roi ; et si on ne peut en venir à bout, il faut faire voir au roi de France que pour mettre un pape à la raison il n'est pas besoin de préparatifs, ni d'avoir recours aux Impériaux ; que les rois de France qui ont autrefois fait la guerre au Saint-Père et l'ont vaincu, comme Philippe le Bel par exemple, l'ont fait enfermer dans le château Saint-Ange par ses propres barons ; que ces barons ne sont pas si endormis qu'on ne puisse les réveiller. » Et il ajoute : « C'est sur cette base-là que j'appuyai beaucoup, en m'entretenant hier avec Robertet... »

VII

Machiavel servit ainsi la république de Florence avec le dévouement le plus absolu, non seulement comme diplomate, mais encore en qualité de commissaire militaire en 1512, chargé de s'opposer à la marche de l'armée espagnole qui menaçait la république et, au besoin, de conclure un arrangement avec le vice-roi de Naples, généralissime de cette armée. On sait que tous les efforts des commissaires échouèrent et que, malgré le courage et l'énergie du gonfalonier, le gouvernement républicain fut renversé, grâce surtout aux manœuvres de l'aristocratie, et la famille des Médicis rétablie dans tous ses pouvoirs et ses honneurs.

Ce fut un coup terrible pour Machiavel, qui était alors dans la force de l'âge et dans la pleine possession de son génie politique et de son talent littéraire, à qui son passé permettait de prétendre aux fonctions les plus élevées dans le gouvernement de la république. La réaction, bien que le prince Laurent II de Médicis eût conservé au gouvernement de Florence la forme républicaine, fit du passé républicain de l'ancien secrétaire, un titre aux persécutions. Accusé de complicité dans une conspiration contre la famille souveraine, il fut jeté dans un cachot et subit la torture avec une fermeté stoïque.

« Apprenez avec quelque satisfaction, écrit-il à son ami Francesco Vettori, ambassadeur à Rome, qui j'ai supporté les coups de la fortune avec tant de fermeté, que je m'en veux du bien à moi même, et qu'il me semble que je vaux mieux que je ne l'aurais cru. »

Mis en liberté avec les autres accusés, lors de

l'élévation de Léon X au pontificat, mais interné à Florence, il chercha des distractions dans les travaux littéraires, écrivit ses admirables *Discours sur la première décade de Tite-Live*, où le génie républicain se manifeste presque à chaque page, ses *Dialogues sur l'Art de la guerre*, un des meilleurs ouvrages qu'on possède sur la matière, son *Histoire de Florence* et de nombreux opuscules.

Mais, quoiqu'il demeurât relégué en dehors du mouvement des affaires de son pays, la politique ne cessa point d'être sa principale passion. Il faut lire, dans sa correspondance familière avec Vettori et avec l'éminent historien Guicciardini, les appréciations que lui inspirent les agissements des diverses puissances de l'Europe et notamment l'attitude des États italiens ; sagacité, profondeur de vues, force de dialectique, toutes les qualités qui constituent l'homme d'État se trouvent dans ces morceaux d'une lecture aussi attrayante qu'elle est substantielle et instructive. Il revient sans cesse à ces matières : « Si je pouvais m'entretenir avec vous, écrit-il à Vettori avec une ironie trempée d'amertume, je ne saurais m'empêcher de vous remplir la tête de mes châteaux en Espagne ; car la fortune ayant voulu que je ne puisse raisonner ni sur l'art de la soie ni sur l'art de la laine, ne sachant parler ni de gains ni de pertes, je suis forcé de m'occuper des affaires de l'État ; et il faut me décider ou à me taire ou à parler politique. »

Ses châteaux en Espagne sont les espérances qu'il conserve de rendre encore des services à son pays, la prétention assez justifiée qu'il a de pouvoir par ses conseils, son expérience et son action politique préserver sa chère Florence et son Italie plus chère encore des calamités qu'il prévoit et qu'il leur prédit.

L'ambassadeur Vettori n'a point d'ailleurs, à cet égard, moins bonne opinion de Machiavel que Machiavel lui-même. Il termine ainsi une lettre du 21 avril 1513, dans laquelle il le consulte sur l'idée qu'a pu avoir l'Espagne en concluant une trêve avec la France : « Je m'en rapporterai à votre jugement, car à vous parler sans flatteries, je l'ai trouvé sur ces matières plus solide que celui d'aucun autre homme avec lequel j'aie conversé. »

Oui, il a encore l'ambition de servir son pays, même sous les Médicis, et il prie Vettori de solliciter pour lui un emploi dans lequel il puisse se concilier la bienveillance des maîtres. Ce n'est pas seulement que son inaction lui pèse et que la perspective de la pauvreté l'effraye, c'est surtout qu'il a conscience de sa valeur et de l'incapacité de ceux qui président aux destinées de l'Italie. « Chacun devrait tenir, écrit-il, à se servir d'un homme qui a depuis longtemps acquis de l'expérience. On ne devrait pas non plus douter de ma fidélité ; car, si jusqu'à ce jour je l'ai scrupuleusement gardée, ce n'est point aujourd'hui que j'apprendrais à la trahir : celui qui a été probe et honnête homme pendant quarante-trois ans (et tel est aujourd'hui mon âge), ne peut changer de nature, et le meilleur garant que je puisse donner de mon honneur et de ma probité, c'est mon indigence. »

On lui a fort reproché ces offres de services qui n'aboutirent qu'en 1521 à de modestes missions au nom des consuls de l'art de la laine, à Venise, et en 1525, 1526 et 1527, à Modène, auprès de son ami Guicciardini ; les républicains l'en ont même cruellement puni en 1527, lorsqu'après avoir chassé les Médicis et les trois cardinaux qui gouvernaient sous le nom d'un enfant de douze ans, fils naturel de Julien, pour rétablir un gouvernement démocratique, ils refusèrent de lui donner aucune part dans la nouvelle administration politique.

L'éminent homme d'Etat qui, à 58 ans, se sentait encore plus capable que qui que ce fût de doter la République florentine d'une sage et solide organisation, éprouva un tel chagrin de cette disgrâce qu'il mourut le mois suivant.

Méritait-il d'être accusé de défection, d'abjuration de ses idées pour avoir voulu servir l'Etat, la patrie italienne, sous le gouvernement des Médicis et avoir obéi à l'inspiration de sa conscience de patriote plutôt qu'à ses rancunes et aux passions de l'esprit de parti ? Accuse-t-on de défection et de trahison le général d'armée qui, dans un pressant péril du pays, met son épée au service d'un gouvernement que ses convictions répudient? Machiavel, au lieu d'une épée, voulut mettre au service de sa patrie, une expérience et des talents politiques qui valaient peut-être mieux que l'épée d'un grand capitaine et qu'une armée tout entière !

Les conseils d'un grand politique font souvent plus pour le salut des Etats que les armes d'un grand général. On sait d'ailleurs, ses écrits et surtout sa vie en témoignent, que sa noble ambition n'avait pour mobile ni la soif des honneurs, ni la cupidité des richesses.

Il appartient à la postérité et surtout aux hommes convaincus qui combattent pour le triomphe des principes républicains de rectifier les jugements passionnés dont ce grand républicain fut victime.

VIII

Car il est républicain et républicain convaincu ce terrible Machiavel : ses *Décades de Tite-Live* témoignent irrécusablement de sa préférence pour la forme républicaine sur toute autre forme de gouvernement. Il ne se montre pas moins républicain dans le *Prince*, à notre avis : Non pas que nous prétendions, comme quelques commentateurs, voir dans cette sorte de manuel monarchique le mémoire d'un Lorenzaccio, conseillant au Prince la fourberie, la corruption et la cruauté dans le but de soulever contre lui l'indignation du peuple et de déchaîner l'esprit révolutionnaire, mais il nous semble lire presque partout entre les lignes écrites par cet esprit, pour ainsi dire, naïvement ironique : « Vous voyez, prince, au prix de quelles infamies un monarque doit acheter la conservation de son pouvoir et l'exercice de son autorité. » Il n'est pas moins républicain dans sa fameuse lettre à Léon X sur la constitution à octroyer à Florence.

L'ironie est du reste une des formes de prédilection de la pensée et du style de l'illustre écrivain. A chaque instant on la voit ou on la sent poindre dans ses descriptions littéraires et poétiques, dans ses récits et dans ses phrases même les plus simples en apparence, dans ses correspondances diplomatiques et surtout dans les lettres familières écrites pendant sa disgrâce, après la restauration des Médicis.

O sainte Ironie, n'es-tu pas la suprême consolatrice des esprits d'élite pénétrés de la conscience de leur valeur et qui se sentent supérieurs à leur fortune !

Son républicanisme n'est pas seulement un républicanisme de forme; il va presque aux conceptions socialistes les plus audacieuses : il répudie les armées mercenaires et n'admet point d'autres forces militaires que les forces nationales ; partout, dans ses écrits, se manifestent son amour profond pour le peuple, sa défiance, presque son aversion, à l'égard des grands (des classes dirigeantes), qu'il considère comme un danger permanent pour une république. Il ne se montre pas plus tendre et guère plus confiant, autant que les mœurs du temps et sa situation personnelle pouvaient le permettre, envers l'Eglise et ses représentants, dont il flagelle les mauvaises mœurs et les manœuvres corruptrices, chaque fois qu'il en trouve l'occasion, tout en protestant de son respect pour la religion catholique.

IX

Mais, s'il est républicain, Machiavel est avant tout Italien, et Italien du patriotisme le plus pur et le plus enflammé. Ce qu'il veut d'abord, c'est la libération, l'indépendance, l'unité de l'Italie. Trois siècles et demi avant Mazzini, avant Garibaldi, avant Cavour, il a rêvé la délivrance et l'unification de l'Italie. Ne sont-ce pas là peut-être ces fameux châteaux en Espagne dont il voudrait causer avec Vettori ?

Ce qu'il rêve pour l'Italie du seizième siècle, n'est-ce pas quelque chose comme le sublime sursaut de la France de 1792 ?

Et, comme, en homme pratique, éclairé par l'expérience et les études de ses nombreuses missions diplomatiques, il n'a pas même l'idée de l'arrogante devise l'*Italia fara da se,* il n'entrevoit cette conquête de l'Unité qu'avec le concours d'une puissance quelconque, et, avec cette sincérité, qui est la qualité maîtresse de son génie, ses idées se tournent tantôt du côté du roi d'Espagne, tantôt du côté du roi de France; puis vers les impériaux et même vers les Suisses; il sacrifie tout à sa grande aspiration de patriotisme italien. Républicain, il donnera la couronne d'Italie à n'importe quel prince, au pape lui-même, pourvu que l'Italie cesse d'être morcelée, que son sol cesse de servir de champ de bataille aux puissances européennes et ses petits États divisés, de prétextes aux guerres intestines et d'objectifs aux compétitions étrangères.

Qu'y a-t-il d'étonnant que ce génie, inspiré par de telles convictions, enflammé de telles passions, en proie tour à tour aux suggestions de sa conscience et aux aspirations de son patriotisme ait pu paraître aux commentateurs superficiels « ondoyant et divers »? Quoi d'étonnant surtout que l'ironique conseiller des princes, que le républicain dénonciateur de la corruption de l'Eglise romaine, des grands et des classes dirigeantes, que le patriote, tour à tour ami et adversaire des étrangers qui se disputaient l'Italie, ait trouvé des détracteurs passionnés chez les jésuites de toute robe, chez les monarchistes de toute école et aussi chez certains républicains autoritaires que ne satisfait point cette austère maxime : « Dans une république bien constituée, il est bon que l'Etat soit riche et que les citoyens soient pauvres !.. »

Eh bien, Machiavel, ce prétendu corrupteur, ce prétendu corrompu a prêché d'exemple; il a exercé à Florence des pouvoirs considérables, il a rempli plusieurs missions dans des Etats importants, et il est mort pauvre à cinquante-huit ans !

JULIEN LEMER.

C'est après plusieurs lectures approfondies des *Décades de Tive-Live* que nous avons extrait de ce beau livre les cent pensées, maximes et réflexions dont se composent les pages substantielles que nous croyons devoir offrir, sous le titre de *Bréviaire républicain*, aux méditations des citoyens intéressés à la consolidation de la République en France.

J. L.

BRÉVIAIRE RÉPUBLICAIN
Par MACHIAVEL

CENT PENSÉES, MAXIMES, RÉFLEXIONS POLITIQUES

détachées des Décades de Tive-Live, de Machiavel, à l'usage des fondateurs de Républiques modernes.

I
C'est un grand bonheur pour une république d'avoir un législateur assez sage pour lui donner des lois telles que, sans avoir besoin d'être corrigées, elles puissent y maintenir l'ordre et la paix.

II
Les républiques dont la constitution, sans être parfaite, s'appuie sur des principes naturellement bons et capables de devenir meilleurs, peuvent se perfectionner à l'aide des évènements.

III
Tous les écrivains qui se sont occupés de législation (et l'histoire est remplie d'exemples qui les appuient), s'accordent à dire que quiconque

veut fonder un Etat et lui donner des lois doit supposer d'avance les hommes méchants et prêts à déployer ce caractère de méchanceté toutes les fois qu'ils en trouveront l'occasion. Si cette disposition vicieuse demeure cachée pour un temps, il faut l'attribuer à quelque raison qu'on ne connaît point, et croire qu'elle n'a pas eu occasion de se montrer; mais le temps qui, comme on dit, est le père de toute vérité, la met ensuite au plus grand jour.

IV

Les hommes ne font le bien que forcément, mais, dès qu'ils ont le choix et la liberté de commettre le mal avec impunité, i's ne manquent jamais de porter partout la confusion et le désordre. C'est ce qui a fait dire que la pauvreté et le besoin rendent les hommes industrieux, et que les lois les font gens de bien. Si d'heureuses circonstances font opérer le bien sans contrainte, on peut se passer de loi. Mais quand cette heureuse influence vient à manquer, la loi devient nécessaire.

V

Dans toute république il y a deux partis : celui des grands et celui du peuple, toutes les lois favorables à la liberté ne naissent que de leur opposition.

VI

A Rome, depuis les Tarquins jusqu'aux Gracques, c'est-à-dire dans l'espace de trois cents ans, les troubles n'occasionnèrent que fort peu d'exils et coûtèrent encore moins de sang; mais peut-on les croire bien nuisibles et les regarder comme bien funestes à une république qui, durant le cours de tant d'années, voit à peine, à leur occasion, huit ou dix citoyens envoyés en exil, n'en fait mettre à mort qu'un très petit nombre, et en condamne même très peu à des amendes pécuniaires?... Est-on autorisé à regarder comme bien désordonnée une république où l'on voit briller tant de vertus? C'est la bonne éducation qui les fit éclore, et celle-ci n'est due qu'à de bonnes lois; les bonnes lois, à leur tour, sont le produit de ces agitations que la plupart condamnent si inconsidérément. Quiconque examinera avec soin l'issue de ces mouvements ne trouvera pas qu'ils aient été cause d'aucune violence ayant tourné au préjudice du bien public; il se convaincra même qu'ils ont fait naître des règlements à l'avantage de la liberté.

VII

Chaque Etat libre doit fournir au peuple ses moyens d'exhaler, pour ainsi dire, son ambition, et surtout les républiques qui, dans les occasions importantes, n'ont de force que par ce même peuple.

VIII

Rarement les désirs d'un peuple sont pernicieux à sa liberté; ils lui sont inspirés communément par l'oppression qu'il éprouve ou par celle qu'il redoute. Si ses craintes sont peu fondées, on a le secours des assemblées, où la seule éloquence d'un homme de bien lui fait sentir son erreur.

IX

Les peuples, dit Cicéron, quoique ignorants, sont capables d'apprécier la vérité, et ils s'y rendent aisément quand elle leur est présentée par un homme qu'ils estiment digne de foi.

X

A qui faut-il confier la garde de la liberté? Il faut toujours confier un dépôt à ceux qui ont le moins le désir de le violer. Sans doute, à ne considérer que le caractère de ces deux ordres de citoyens (les grands et le peuple), on est obligé de convenir qu'il y a, dans le premier, un grand désir de dominer, et dans le second le désir seulement de ne pas être dominé, par conséquent plus de volonté de vivre libre. Le peuple préposé à la garde de la liberté, moins en état de l'envahir que les grands, doit en avoir nécessairement plus de soin, et, ne pouvant s'en emparer, doit se borner à empêcher que d'autres ne s'en emparent.

XI

Quels hommes sont plus nuisibles dans une

république, de ceux qui veulent acquérir ou de ceux qui craignent de perdre ce qu'ils ont acquis ?... Quel est le plus ambitieux de celui qui veut conserver ou de celui qui veut acquérir ?

L'une et l'autre de ces deux passions peuvent être cause des plus grands troubles. Cependant il paraît qu'ils sont plus souvent occasionnés par celui qui possède, parce que la crainte de perdre produit des mouvements aussi animés que le désir d'acquérir. L'homme ne croit s'assurer ce qu'il tient déjà qu'en acquérant de nouveau; et, d'ailleurs, ces nouvelles acquisitions sont autant de moyens de force et de puissance pour abuser; mais, ce qui est encore plus terrible, les manières hautaines et l'insolence des riches et des grands excitent dans l'âme de ceux qui ne possèdent pas, non seulement le désir d'avoir, mais le plaisir secret de dépouiller ceux-ci de cette richesse et de ces honneurs dont ils voient faire un si mauvais usage.

XII

Il n'y a que deux motifs qui fassent prendre les armes contre une république : le désir de la subjuguer, ou la crainte d'être subjugué par elle. Si elle est difficile à attaquer et préparée à la défense il arrivera bien rarement, ou même jamais, que quelqu'un conçoive le projet de s'en emparer. Si, tranquille, et se renfermant dans ses limites, elle est parvenue à prouver à ses voisins, par une heureuse expérience, que l'ambition ne la dirige point, la peur de sa puissance ne pourra les armer contre elle. On aurait bien plus encore confiance en sa modération, s'il y avait un article de sa constitution qui lui défendît de s'agrandir. Je crois fermement que ce n'est que dans cet heureux équilibre que peut se trouver et la plus désirable existence pour un État et sa tranquillité intérieure.

Mais, comme toutes les choses de la terre sont dans un mouvement perpétuel et ne peuvent demeurer fixes, cette instabilité les porte à monter ou à descendre. La nécessité dirige souvent vers un but où la raison était loin de conduire; vous aviez organisé une république pour la rendre propre à se maintenir sans agrandissement, et la nécessité la force à s'agrandir malgré le but de son institution; vous lui voyez perdre sa base et se précipiter plus promptement vers sa ruine. Si, d'un autre côté, le ciel la favorisait au point qu'elle n'eût jamais de guerre, elle aurait à craindre la mollesse ou les divisions qui suivent le repos, et ces deux fléaux pris ensemble, ou chacun d'eux séparément, seraient capables de la perdre sans ressource.

Ainsi, attendu l'impossibilité d'établir parfaitement l'équilibre ou de se maintenir au point fixe après l'avoir établi, il faut, en constituant une république, prendre le parti le plus honorable, et, si elle était jamais dans la nécessité de faire des conquêtes, la mettre en état du moins de conserver ce qu'elle aurait acquis.

XIII

Tel qui pourrait se faire un honneur immortel en fondant une république ou une monarchie, préfère établir une tyrannie. Il ne s'aperçoit pas combien de renommée, d'honneur, de sûreté, de paix et de repos d'esprit, il échange contre l'infamie, la honte, le blâme, le danger, l'inquiétude.

De ceux qui vivent particuliers dans une république et que la fortune, le talent et le courage y élèvent au rang de prince, s'ils lisent l'histoire et s'ils font leur profit du tableau qu'elle présente, il n'en est point qui ne voulussent, étant hommes privés, ressembler plutôt à Scipion qu'à César et être plutôt Agésilas, Timoléon et Dion, que Nabis, Phalaris et Denys. Ils voient, en effet, les premiers autant admirés que les autres sont couverts de honte. Ils voient Timoléon et Agésilas jouir dans leur patrie d'une autorité non moins étendue que les Phalaris et les Denys, mais en jouir plus sûrement.

Et que la gloire de ce César, que les écrivains ont tant célébré, ne leur impose pas. Ceux qui l'ont loué étaient des juges corrompus par sa prospérité même et effrayés d'une puissance perpétuée dans une famille qui ne leur permettait pas de s'exprimer librement. Veut-on savoir ce que ces écrivains en eussent dit s'ils eussent été libres? Qu'on lise ce qu'ils ont écrit de Catilina. César est d'autant plus digne d'exécration, que celui qui exécute est plus coupable que celui qui projette. Qu'on voie surtout les éloges prodigués à Brutus. Ne pouvant flétrir le tyran dont ils redoutent la puissance, ils célèbrent son ennemi.

XIV

Certes, si dans les commencements de la république chrétienne, la religion se fût maintenue d'après les principes de son fondateur, les États et les républiques de la chrétienté seraient bien plus unis et bien plus heureux qu'ils ne le sont. On ne peut donner de plus forte preuve de sa décadence et de sa chute prochaine que de voir les peuples les plus voisins de l'Église romaine qui en est le chef, d'autant moins religieux qu'ils en sont plus près. Quiconque examinera les principes sur lesquels elle est fondée, et combien l'usage et l'application qu'on en fait est changé, altéré, jugera que le moment n'est pas loin ou de sa chute ou des plus grands orages.

Mais, comme quelques personnes pensent que la prospérité de l'Italie dépend de l'existence de l'Église de Rome, qu'il me soit permis d'apporter contre cette opinion quelques raisons, dont deux entre autres qui me paraissent sans réplique. Je soutiens d'abord que le mauvais exemple de cette cour a détruit en Italie tout sentiment de piété et de religion. De là des dérèglements, des désordres à l'infini ; car, si là où il y a de la religion on suppose toutes les vertus, là où elle manque on doit supposer tous les vices. Ainsi donc, le premier service que nous ont rendu à nous, Italiens, et l'Eglise et les prêtres, c'est de nous avoir privés de religion et dotés de tous les vices. Mais elle nous en a rendu un plus grand, qui causera la ruine de l'Italie : c'est de l'avoir tenue et de la tenir toujours divisée.

Un pays ne peut être véritablement uni et prospérer que lorsqu'il n'obéit qu'à une seule espèce de gouvernement, soit monarchie, soit république ; telle est la France ou l'Espagne. Si le gouvernement de l'Italie entière n'est pas ainsi organisé, soit en république, soit en monarchie, c'est à l'Église seule que nous le devons. Elle a bien acquis un empire et un domaine temporel, mais elle n'a pas été assez puissante ni assez forte pour s'emparer du reste de ce pays et en acquérir la souveraineté ; elle n'a pas non plus été assez faible pour que la crainte de perdre son domaine temporel l'ait empêchée d'appeler une puissance étrangère qui la défendît contre une puissance du pays qu'elle redoutait.

XV

Combien il est difficile à un peuple accoutumé

à vivre sous un prince de conserver sa liberté s'il l'acquiert par quelque évènement, comme Rome après l'expulsion des Tarquins! C'est ce que démontrent une infinité d'exemples qu'on lit dans l'histoire; cette difficulté est fondée en raison. En effet, ce peuple est comme une bête féroce dont le naturel s'est amolli dans la prison, et façonné à l'esclavage. Qu'on la laisse libre dans les champs; incapable de se procurer sa nourriture et de trouver des repaires pour lui donner asile, elle devient la proie du premier qui cherche à lui donner des fers. C'est ce qui arrive à un peuple accoutumé à se laisser gouverner. Inhabile à discerner ce qui peut porter atteinte à sa liberté et à ses moyens de défense, ne connaissant point ses princes, n'étant point connu d'eux, il retombe bientôt sous un joug souvent plus pesant et plus rude que celui qu'il avait secoué peu de temps auparavant.

Ce malheur arrive même quand le peuple n'est pas entièrement corrompu. Mais quand la corruption est parvenue au dernier terme, l'État, loin de pouvoir conserver sa liberté, n'en jouit pas même un instant...

A cette difficulté il faut en ajouter une seconde c'est que l'Etat qui devient libre se fait des ennemis et point d'amis. Tous ceux qui profitaient des abus de la tyrannie, qui s'engraissaient des trésors du prince, sont les ennemis nés du nouveau gouvernement. On leur a enlevé leurs moyens de richesse et de puissance, ils ne peuvent qu'être mécontents. Ils sont forcés de tenter tous les moyens de rétablir la tyrannie, qui seule peut leur rendre leur ancienne autorité. Comme je l'ai dit, on ne se fait pas des amis. En effet, un gouvernement libre ne distribue des honneurs et des récompenses que dans des circonstances déterminées et approuvées par la justice ; hors de là, il n'en accorde point. Ceux qui obtiennent ces honneurs, ces récompenses, croyant les mériter, pensent ne devoir rien à qui les dispense. D'ailleurs, ces avantages communs que procure la jouissance de la liberté, ce plaisir inexprimable de jouir de ses bienfaits sans inquiétude, de n'avoir à craindre ni pour l'honneur de sa femme, ni pour ses enfants, ni pour soi-même, tout cela n'est apprécié de personne au moment où on en jouit. Il est si peu naturel de se sentir obligé envers quiconque ne nous offense pas !

XVI

Quiconque veut établir un gouvernement chez un peuple sous forme de monarchie ou de république, et qui ne s'assure pas de tous les ennemis de l'ordre nouveau, fonde un gouvernement de peu de durée.

XVII

Il n'y a ni lois ni constitution qui puissent mettre un frein à la corruption universelle; car, comme les bonnes mœurs, pour se maintenir, ont besoin des lois, les lois à leur tour, pour être observées, ont besoin de bonnes mœurs. D'ailleurs, la constitution et les lois faites dans une république à son origine, lorsque les mœurs étaient pures, ne peuvent plus convenir, dès que les hommes sont corrompus. Or, il arrive que les lois changent selon les évènements, mais jamais, ou bien rarement, on ne voit sa constitution changer, ce qui fait que les lois nouvelles et réglementaires ne suffisent pas, parce qu'elles ne cadrent plus avec les institutions primordiales et la constitution.

XVIII

Il est convenable que, dans un État, chacun puisse proposer ce qu'il croit utile au bien général. Il est également bon que chacun puisse examiner ce qui est proposé, afin que le peuple, après avoir entendu tous les avis, se décide pour le meilleur.

XIX

Le projet de réformer un État dans son organisation politique suppose un citoyen généreux et probe; or, devenir par force souverain dans une république accuse, au contraire, un homme ambitieux et méchant; par conséquent, il se trouvera bien rarement un homme de bien qui veuille, pour parvenir à un but honnête, prendre des voies condamnables; ou un méchant qui se porte tout d'un coup au bien en faisant un bon usage d'une autorité injustement acquise.

XX

S'il suffit de la succession de deux hommes de talent et de courage pour conquérir le monde, comme le prouve l'exemple de Philippe de Macédoine et d'Alexandre le Grand, que ne doit pas faire une république qui, par le mode des élections, peut se donner non seulement deux hommes de génie qui se succèdent, mais des successions de pareils hommes à l'infini ! Or, toute république bien constituée doit produire une pareille succession.

XXI

Les princes et les républiques modernes qui n'ont point d'armée nationale pour l'attaque ou pour la défense doivent bien rougir d'une telle conduite.

XXII

On a toujours regardé comme peu sage le parti de hasarder toute sa fortune à la fois sans mettre en jeu toutes ses forces...

C'est la faute que commettent presque toujours ceux qui, lors de l'invasion de leur pays par l'ennemi, se déterminent à se fortifier dans les lieux difficiles et à en garder les passages. Ce parti sera presque toujours fatal, à moins que, dans l'un de ces lieux difficiles, vous ne puissiez placer toutes vos forces. Dans ce cas, il faut le suivre. Mais, si le lieu est et trop rude et trop resserré pour les y loger toutes, le parti est alors mauvais. Ce qui me fait penser ainsi, c'est l'exemple de ceux qui, attaqués par un ennemi puissant, et habitant un pays de montagnes, n'ont pas essayé de le combattre dans les endroits difficiles et escarpés, mais sont allés au-devant de lui, ou qui, ne voulant pas attaquer les premiers, ont attendu cet ennemi, mais dans des lieux faciles et ouverts. J'en ai déjà indiqué la raison. En effet, on ne peut employer beaucoup de forces pour garder des lieux sauvages et peu ouverts, soit qu'on ne puisse y amener des vivres pour bien longtemps, soit par cela même qu'ils sont étroits et ne peuvent contenir que peu de monde : alors il n'est pas possible de soutenir le choc d'un ennemi qui vient sur vous par grandes masses; or, l'ennemi peut aisément s'y porter. Comme son intention est de passer et non de s'arrêter, l'ennemi n'a pas de peine à vaincre une armée d'autant moins considérable qu'il lui a fallu camper, ignorant l'époque où elle aurait à combattre. Une fois perdus, ces passages que vous espériez pouvoir garder, et sur la difficulté desquels reposait la confiance du peuple et de l'armée, la terreur s'empare aussitôt de l'esprit du peuple et des soldats, elle fait d'autant plus de progrès, qu'ils se trouvent vaincus sans avoir pu même essayer leur courage, et ainsi vous avez perdu tout votre fortune pour n'avoir mis en jeu qu'une partie de vos forces.

XXIII

Lorsqu'un peuple ou un prince ont confié à un général une expédition importante, que celui-ci revient couronné de gloire par le succès, ce peuple ou ce prince sont à leur tour obligés de le récompenser. Mais si, au lieu de récompense, l'avarice les pousse à le déshonorer ou à l'offenser, leur action, fondée sur la cupidité, est une faute énorme qui n'a point d'excuse et qui les couvre à jamais d'ignominie. Cependant il y a beaucoup de princes qui commettent cette faute ; car, comme dit Tacite, qui en donne la raison : « On est plus enclin à payer une injure qu'un bienfait, parce que la reconnaissance est tenue pour un fardeau et la vengeance pour un plaisir. »

Mais lorsqu'on ne récompense pas, ou, pour mieux dire, qu'on offense, non par avarice, mais par crainte, alors le peuple ou le prince qui se montrent ingrats peuvent mériter quelque excuse : rien de si commun que ces traits d'ingratitude ainsi motivée.

XXIV

La crainte est si naturelle aux princes qu'ils ne

peuvent s'en défendre, et il est impossible qu'ils ne soient pas ingrats envers ceux qui ont illustré leurs armes par des conquêtes considérables. Doit-on à présent s'étonner et se récrier encore de voir un peuple être coupable d'un tort dont un prince ne peut se défendre ?

XXV

Une ville libre est ordinairement animée de deux grandes passions; la première de s'agrandir, la seconde de conserver sa liberté. Il faut absolument que l'excès de ces mêmes passions lui fasse commettre des fautes.... les fautes qu'elle commet consistent, entre autres, à offenser les citoyens qu'elle devait récompenser et à suspecter ceux en qui elle devait avoir confiance.

Quoique les effets de cette conduite occasionnent de grands maux dans une République déjà corrompue, qu'ils la mènent bien des fois à la tyranie, ainsi qu'on le vit sous César, qui enleva de force ce que l'ingratitude lui refusait, néanmoins, dans une République où il est encore des mœurs, cette conduite produit de grands biens ; elle la conserve plus longtemps libre, en faisant de la crainte des peines un obstacle à la dépravation et à l'ambition.

XXVI

Nous devons dire que, l'ingratitude étant toujours le fruit ou de l'avarice ou de la crainte, les peuples ne tombent jamais dans ce défaut par avarice, et que la crainte les y fait tomber moins que les princes, puisqu'ils ont moins occasion de redouter que ceux-ci.

XXVII

Une République ou un prince doivent prévoir d'avance les évènements et les temps qui peuvent leur être contraires, de quels hommes ils peuvent avoir besoin dans les moments difficiles, et se comporter avec eux de la manière dont ils voudraient s'être comportés quand le moment du danger arrivera. Tout Gouvernement qui tient une autre conduite se trompe grossièrement.

XXVIII

On doit remarquer que lorsque, dans une République, on voit s'élever un principe destructeur qui prend assez d'empire pour devenir inquiétant, qu'il provienne d'une cause intérieure ou extérieure, il est infiniment plus simple de temporiser avec le mal que de chercher à l'extirper; car tout ce qu'on tente pour l'étouffer redouble souvent ses forces et ne sert qu'à lui donner ce caractère de violence qu'on redoutait.

XXIX

Ce qui nuit à une République, ce sont les magistrats qui se créent eux-mêmes, les autorités qui s'acquièrent par des voies illégitimes, et non celles qui sont obtenues par des voies ordinaires et légales.

XXX

Dans un Etat bien constitué, il ne doit survenir aucun évènement pour lequel on ait besoin de recourir à des voies extraordinaires, car si les moyens extraordinaires font du bien pour le moment, leur exemple fait un mal réel. L'habitude de violer la constitution pour faire le bien autorise ensuite à la violer pour colorer le mal. Une République n'est donc jamais parfaite, si les lois n'ont pas pourvu à tout, tenu le remède tout prêt, et donné le moyen de l'employer.

XXXI

Quand on confie une autorité sans bornes pour un temps très long (j'appelle ainsi un an et plus) toujours elle sera dangereuse et produira des effets bons ou mauvais, selon les bonnes ou mauvaises qualités de ceux à qui elle sera confiée.

XXXII

Quand nous avons dit qu'une autorité donnée par les suffrages libres d'un peuple n'avait jamais été nuisible à aucune République, nous avons supospé que ce peuple ne se détermine jamais à la conférer sans les précautions convenables, ni pour un temps trop considérable.

XXXIII

On doit remarquer combien les institutions de Rome étaient propres à la porter à ce haut point de grandeur où elle arriva, et combien s'abusent les autres Républiques qui s'éloignent de ces principes. Les Romains, quoique très *glorieux*, ne rougissaient pas d'obéir à ceux-là même qu'ils avaient commandés, ni de servir dans une armée qui avait été à leurs ordres. Combien ces mœurs sont opposées à l'opinion, aux institutions, aux usages de nos temps modernes !

XXXIV

Les anciens ont dit que les hommes s'affligeaient du mal et se lassaient du bien, et que ces deux affections différentes amenaient les mêmes résultats. En effet, toutes les fois que les hommes sont privés de se battre par nécessité, ils se battent par ambition. Cette passion est si puissante, qu'elle ne les abandonne jamais, à quelque rang qu'ils soient élevés. La raison, la voici : la nature nous a créés avec la faculté de tout désirer et l'impuissance de tout obtenir ; en sorte que, le désir se trouvant toujours supérieur à nos moyens, il en résulte du dégoût pour ce qu'on possède et de l'ennui de soi-même. De là, naît la volonté de changer. Les uns désirent acquérir, d'autres craignent de perdre ce qu'ils ont acquis ; on se brouille, on en vient aux armes, et de la guerre vient la ruine d'un pays et l'élévation de l'autre.

XXXV

Dans les Républiques bien constituées, l'Etat doit être riche et les citoyens pauvres.

XXXVI

L'ambition des grands est telle que, si par mille voies et mille moyens divers, elle n'est pas réprimée dans un Etat, elle doit bientôt en entraîner la ruine.

XXXVII

Les hommes font bien plus de cas des richesses que des honneurs. La noblesse romaine ne tenta que des efforts assez ordinaires pour retenir les honneurs, mais, dès que ses richesses furent menacées, elle mit tant d'opiniâtreté à les défendre, que le peuple, pour assouvir la soif qu'il en avait à son tour, fut obligé de recourir aux moyens violents.

XXXVIII

Essayer, dans une République, de corriger un abus fortifié par le temps, pour cela proposer une loi qui ait un effet rétroactif, c'est montrer peu de sagesse, c'est accélérer les maux où l'abus vous conduit. En temporisant, ou les progrès du mal sont plus lents, ou bien il se consume de lui-même avant d'arriver à son terme.

XXXIX

Le pire défaut des Républiques faibles est d'être irrésolues, en sorte que tous les partis qu'elles prennent leur sont dictés par la force, et, s'il en résulte quelque bien, c'est moins l'ouvrage de leur prudence que de la nécessité qui les a déterminées.

XL

Les Républiques irrésolues ne prennent jamais que forcément un bon parti, parce que leur faiblesse les empêche de se décider, dès qu'il se présente le moindre doute; et si ce doute n'était pas levé par une violence utile qui les fixât malgré elles, elles flotteraient éternellement dans l'incertitude.

XLI

Pour celui qui compare le présent au passé, il est évident que toutes les cités, tous les peuples, ont toujours été et sont encore animés des mêmes désirs, des mêmes passions. Ainsi il est facile par un examen sérieux et réfléchi du passé, de prévoir dans une République ce qui doit arriver ; et alors il faut, ou se servir des moyens mis en œuvre par les anciens, ou, n'en trouvant pas, en imaginer d'après l'analogie des évènements. Mais cet examen est négligé de la plupart des hommes, ou bien il est au-dessus de leur intelligence. S'il est permis à quelques-uns de prévoir les résultats, ce n'est jamais à ceux qui gouvernent; aussi voit-on revenir les mêmes maux avec les mêmes révolutions.

XLII

La tyrannie des décemvirs fut produite, à Rome, par les mêmes causes qui, partout ailleurs, produisent presque toutes les tyrannies : trop grand désir de liberté chez le peuple, trop grand désir de commander chez les nobles. Quand les deux partis ne conviennent pas de faire une loi en faveur de la liberté, mais que l'un des deux se porte à favoriser un citoyen, c'en est fait d'elle ; on n'a qu'un tyran.

XLIII

Quand un peuple commet la faute d'élever un homme pour qu'il abaisse le parti contraire, pour peu que ce favori soit habile, on le verra devenir tyran de tous les deux. Il se servira immanquablement du peuple pour attaquer la noblesse, et il ne se décidera à opprimer le peuple que lorsqu'il aura achevé d'abattre la première. Celui-ci a beau sentir alors qu'il est esclave, il ne lui reste plus à qui recourir. Telle est la marche tenue par tous ceux qui ont établi la tyrannie au sein d'une République.

XLIV

Quoique les nobles aspirent à dominer, ceux d'entre eux qui n'ont point de part à la tyrannie sont les ennemis du tyran. Celui-ci ne peut les gagner tous. L'ambition et l'avarice des uns sont trop insatiables, et la richesse et les honneurs que l'autre peut donner trop insuffisants.

XLV

Toute violence a besoin pour se soutenir d'une force supérieure à celle qui veut la renverser. Aussi les tyrans qui ont le peuple pour ami et les grands pour ennemis ont une autorité bien plus solidement assise que ceux qui ne sont appuyés que par les grands. Avec la faveur du peuple, ses forces intérieures lui suffisent pour se maintenir.

XLVI

Lorsque les tyrans n'ont pour amis que les hommes d'une classe nécessairement moins nombreuse, leurs forces intérieures ne leur suffisent pas; ils ont besoin d'en chercher au dehors. Ces forces sont de trois sortes : ou on se compose une garde d'étrangers, ou on arme les paysans qui rendent le même service qu'aurait fait le peuple de la ville, ou on se lie avec de puissants voisins qui vous défendent. C'est en employant ces moyens avec soin qu'un tyran pourrait encore se soutenir, quoiqu'il eût le peuple pour ennemi.

XLVII

Je ne connais pas de plus mauvais exemple, pour une République, que de faire une loi et de ne pas l'observer, surtout au moment où elle vient d'être rendue.

XLVIII

Rien ne blesse si dangereusement une nation que de réveiller tous les jours le ressentiment des citoyens en attaquant par des insultes souvent répétées l'honneur ou la vie de quelques-uns d'entre eux.

XLIX

S'il existe quelque citoyen ambitieux dans une République, il cherche d'abord à se mettre à l'abri de l'atteinte non seulement des particuliers, mais même des magistrats. Pour cela il se fait des amis, d'abord par des voies honnêtes en apparence ou par des secours d'argent qu'il donne aux pauvres, ou par protections accordées contre les puissants. Ces vertus simulées trompent sans peine tout le monde, et, comme on ne songe point à opposer à ces progrès, celui-ci persévère sans obstacle, et parvient à ce degré où les particuliers le craignent, et les magistrats le ménagent. Arrivé à ce point sans qu'on se soit opposé à son élévation, il devient très dangereux de le heurter de front.

L

Qu'une des lois constitutives d'une République veille à ce que les citoyens ne puissent faire le mal sous l'ombre du bien, qu'elle permette la mesure de crédit qui sert à la liberté et qui ne puisse lui nuire.

LI

Le peuple romain commençait à se dégoûter du nom de consul ; il voulut, ou que les plébéiens pussent parvenir au consulat, ou que l'autorité de ces magistrats fût limitée. La noblesse, pour ne pas avilir la majesté consulaire en accordant l'une ou l'autre de ces demandes, prit un terme moyen et consentit à ce qu'il fût nommé quatre tribuns revêtus de la puissance consulaire, qui pussent être également choisis et parmi les nobles et parmi les plébéiens. Le peuple fut content de cet arrangement, qui lui parut détruire le consulat, et qui devait le faire participer à cette suprême magistrature. On vit alors quelque chose de bien remarquable. Au moment de créer des tribuns, le peuple, qui pouvait les choisir tous plébéiens, les tira tous de l'ordre de la noblesse. « L'issue de ces comices, dit Tite-live, apprit alors qu'autres étaient les esprits dans la chaleur des prétentions aux honneurs, à la liberté, et autres ils étaient hors de toute passion et dans le calme quand ils avaient à asseoir un jugement impartial. »

En examinant d'où peut venir cette différence, je crois en avoir trouvé la cause : c'est que les hommes, quoique sujets à se tromper dans les choses générales, ne se trompent pas dans les particulières. Le peuple romain croyait généralement être digne du consulat ; il était la portion la plus nombreuse de la cité, la plus exposée à la guerre, celle qui par la force de son bras contribuait le plus à la maintenir libre et à la rendre puissante. Il crut, en se considérant pour ainsi dire en masse, cette demande très raisonnable de sa part et voulut l'obtenir à tout prix. Mais, obligé de porter un jugement sur chacun des candidats de son corps individuellement, il ne sentit que leur incapacité, et il décida qu'aucun d'eux n'était digne de remplir une place qu'il croyait mériter en général. Honteux de la faiblesse des siens, il a recours aux patriciens en qui il reconnaît plus de talent. Tite-live admirant, non sans raison, une aussi sage décision, s'écrie : « Cette modestie, cette équité, cette grandeur d'âme, chez quels individus les trouverez-vous aujourd'hui ? Elle était alors le partage de tout un peuple ! »

LII

Je crois que jamais un homme sage ne doit appréhender le jugement du peuple sur certains objets particuliers, comme la distribution des places et des dignités. C'est la seule chose sur laquelle le peuple ne se trompe jamais, ou, s'il se trompe, c'est bien moins souvent que ne ferait un petit nombre d'hommes chargés de ces distributions.

LIII

Un Etat n'est pas bien constitué lorsqu'un citoyen peut y être attaqué impunément pour avoir proposé une loi favorable à la liberté.

LIV

S'il est difficile aux Etats nés libres, mais dont les principes de liberté se sont relâchés d'eux-mêmes, comme à Rome, de trouver des lois capables de maintenir leur liberté, il n'est pas étonnant que des Etats qui ont commencé par être dépendants ou dans la servitude, éprouvent, je ne dis pas de la difficulté, mais même l'impossibilité de se constituer de manière à pouvoir vivre à la fois libres et tranquilles.

LV

Observez que jamais on ne doit dans un Etat abandonner à un petit nombre de citoyens l'exercice de ces fonctions, tellement nécessaires au maintien de la République que sans elles tout mouvement serait arrêté. Par exemple, si vous laissez à un Conseil le pouvoir de distribuer certaines charges ou certaines prérogatives, ou que vous confiiez à un magistrat une partie de l'administration, il faut, ou lui imposer la nécessité de s'en acquitter lui-même, quoi qu'il arrive, ou établir qu'à son défaut il puisse et doive la faire remplir par un autre ; autrement, la constitution de cet État serait défectueuse en ce point et l'exposerait aux plus grands dangers.

LVI

Les hommes prudents savent toujours se faire un mérite des actes auxquels la nécessité les a contraints.

LVII

Dans une République, et surtout dans celles où la corruption a déjà fait des progrès, le meilleur moyen, le plus facile, comme celui qui fait le moins d'éclat, pour s'opposer à l'ambition d'un citoyen, c'est d'occuper avant lui les voies par lesquelles il chemine pour arriver à son but.

LVIII

Il faut, avant de prendre un parti, considérer ses inconvénients, ses dangers, et, si le désavantage l'emporte sur l'utilité, savoir y renoncer quand même on serait sûr de tous les suffrages.

LIX

Il faut remarquer deux choses : la première, que le peuple, trompé souvent par de fausses apparences de bien, désire sa propre ruine; et si ce qui est bien et ce qui est mal ne lui est pas démontré par quelqu'un en qui il ait confiance, la République se trouve exposée aux plus grands dangers; mais, quand le hasard fait que le peuple n'a confiance en personne, ce qui arrive quelquefois lorsqu'il a été déjà trompé, soit par les évènements, soit par les hommes, il faut nécessairement que l'Etat périsse. C'est ce qui a fait dire à Dante, dans son *Traité de la Monarchie*, qu'on entend bien des fois le peuple dans l'ivresse crier : « Vive notre mort ! périsse notre vie ! »

LX

Veut-on savoir ce qu'il est facile ou difficile de persuader à un peuple, il faut faire cette distinction : Ce que vous avez à lui persuader présente-t-il au premier abord ou perte ou gain ? ou bien semble-t-il magnanime ou lâche ? S'il y a apparence de magnanimité ou de gain, rien de plus aisé que de le persuader à la multitude, quoique la perte de la République et la ruine de l'Etat soient cachées sous ces belles apparences. Rien de si difficile, au contraire, s'il y a faiblesse ou pertes apparentes, quoique l'intérêt et le salut réels de l'Etat y soient attachés.

LXI

Le moyen le plus facile de ruiner une République où le peuple a du pouvoir, c'est de lui proposer des entreprises brillantes ; car, dès qu'il a de l'autorité, il en use dans ces occasions, et l'opinion contraire de qui que ce soit ne sera en état de l'arrêter ; mais, si la ruine de l'Etat est la suite de ces entreprises, celle des chefs qui les conduisent est encore plus assurée. Le peuple s'attendait à des victoires, il ne trouve que des défaites ; il n'en accuse ni la fortune, ni l'impossibilité du succès, mais l'ignorance ou la malice des chefs, et le plus souvent, ou il les fait mourir, ou il les emprisonne, ou il les exile.

LXII

Rien n'est plus capable de calmer les mouvements d'une multitude animée que le respect qu'on porte à un homme qui a du poids, de l'autorité, et qui se présente aux mutins.... Il faut donc que celui qui est à la tête d'une armée, ou le magistrat d'une ville où vient d'éclater une sédition, sache se présenter à la multitude avec le plus de dignité qu'il lui sera possible, et revêtu de toutes les marques de son grade pour inspirer plus de respect.

LXIII

L'Allemagne seule nous montre jusqu'à ce jour

des peuples remplis de probité (1) et de religion; aussi plusieurs républiques y vivent-elles libres et observent-elles leurs lois avec tant de respect, que personne, soit citoyen, soit étranger, n'ose tenter de s'en rendre maître, et, pour prouver que parmi ces peuples on retrouve encore l'ancienne probité, je vais citer un fait en tout semblable à celui de Rome. Lorsque ces villes ont quelque dépense publique à faire, les magistrats ou les conseils qui sont chargés de la répartition imposent sur chaque citoyen le huitième de ce qu'il possède, un, deux pour cent, plus ou moins. L'ordonnance publiée selon les formes usitées, chacun se présente au receveur, fait serment de payer exactement sa quotité, et jette dans une caisse ce qu'il croit devoir, sans avoir d'autre témoin que lui-même de l'exactitude de son paiement.

LXIV

La seconde cause à laquelle ces républiques (les républiques allemandes) doivent leur pureté de mœurs et l'existence politique qu'elles ont conservée, c'est qu'elles ne souffrent pas chez elles qu'aucun citoyen vive en gentilhomme, ou le soit réellement; elles ont le soin de maintenir au contraire la plus parfaite égalité et sont les ennemies les plus déclarées des seigneurs et de la

(1) Machiavel écrivait cela au XVIe siècle : *Quantum mutatus!*

noblesse qui habite le pays; et, si par hasard quelqu'un d'eux tombe entre leurs mains, elles le font périr sans pitié, comme coupable de corrompre et de troubler l'État. Pour expliquer ce que j'entends par ce mot de *gentilhomme*, je dirai qu'on appelle ainsi tous ceux qui vivent sans rien faire, du produit de leurs terres, et qui ne s'adonnent ni à l'agriculture, ni à aucun autre métier ou profession. *De tels hommes sont dangereux pour toute république et tout État.*

LXV

Dans les pays où la corruption est si forte que les lois ne peuvent l'arrêter, il faut en même temps une force majeure, c'est-à-dire un roi qui appesantisse une main de fer et qui déploie un pouvoir absolu pour mettre un frein à l'ambition d'une noblesse corrompue.

LXVI

On peut conclure de ce que nous avons avancé que quiconque veut établir une république dans un pays où il y a beaucoup de gentilshommes, ne peut y réussir sans les faire disparaître. Celui qui, au contraire, veut élever une monarchie dans un pays où l'égalité règne, ne pourra jamais y réussir, s'il ne tire pas de cet état d'égalité des hommes ambitieux et inquiets, s'il ne les crée pas gentilshommes, non seulement de nom, mais de fait.

en leur donnant des châteaux, des terres, des richesses et des sujets. Placé au milieu d'eux, celui-ci, par leur moyen, maintiendra sa puissance ; eux, se serviront du monarque pour satisfaire son ambition, et tous les autres seront contraints de supporter un joug que la force seule peut les obliger à endurer ; car, la force comprimante étant en rapport et en proportion avec la puissance comprimée, toutes les parties se tiendront respectivement à leur place.

Mais établir une république dans un pays plus propre à une monarchie, ne peut être que l'œuvre d'un homme d'une capacité et d'une autorité peu communes. Beaucoup l'ont tenté, peu sont parvenus à leur but. La grandeur de l'entreprise étonne les uns et arrête les autres, de manière qu'ils échouent presque en commençant.

LXVII

Etablissez une république là où existe l'égalité ou bien là où elle a été introduite ; au contraire, établissez une monarchie là où existe une grande inégalité, autrement votre édifice sera sans proportion et peu durable.

LVIII

Quoi qu'on dise de la bonne ou de la mauvaise disposition du peuple d'après ses propos, n'en tenez nul compte ; mais soyez en mesure de le maintenir s'il est favorablement disposé, et de ne pas le craindre s'il est dans des dispositions contraires. Cependant, si ses dispositions défavorables venaient ou de la perte de sa liberté ou de l'attachement qu'il avait pour un ancien chef encore vivant, il faut bien se garder de les mépriser, car ce sont de toutes les plus redoutables, et on a besoin de la plus grande force pour les contenir. Mais celles qui ont tout autre motif sont faciles à modérer lorsque le peuple n'a pas de chef qui lui serve d'appui, car, s'il n'est rien de plus effrayant qu'une multitude échappée et sans guide, il n'est rien aussi de plus lâche. Eût-elle les armes en mains, vous la réduirez aisément, si vous vous ménagez seulement une retraite pour vous mettre à l'abri de sa première fougue. Bientôt, quand les esprits commencent à se refroidir, chacun, sur le point de retourner chez soi, commence à se méfier de lui-même et pense à se sauver ou par la fuite ou par un accommodement.

Aussi un peuple soulevé qui veut éviter pareil résultat commence par se donner un chef qui le dirige, qui le tienne uni et s'occupe du soin de le défendre.

LXIX

UN PEUPLE EST PLUS SAGE ET PLUS CONSTANT QU'UN PRINCE.

Rien n'est plus mobile, plus léger que la multitude ; c'est ce que Tite-Live et les autres historiens ne cessent d'affirmer. A l'appui de cette opinion, Tite-Live cite l'exemple du peuple romain après l'exécution de Manlius Capitolinu et, après avoir raconté les évènements qui suivirent, à Syracuse, la mort d'Hiéronyme, neveu d'Hiéron, s'écrie : « Tel est le caractère de la multitude : ou elle sert avec bassesse, ou elle domine avec insolence. (*Hœc natura multitudinis est, aut humiliter servit, aut superbè dominatur.*)

En entreprenant de défendre une cause contre laquelle tous les historiens se sont déclarés, je me charge peut-être d'une tâche si difficile et d'un fardeau si lourd, que je serai obligé de l'abandonner par impuissance, ou de courir le risque d'en être accablé; mais, quoi qu'il en soit, je pense, et je penserai toujours, que ce ne peut être un tort de défendre ses opinions quand on n'emploie d'autre autorité, d'autre force que celle de la raison.

Je dis d'abord que cette légèreté dont les écrivains accusent la multitude est aussi le défaut des hommes pris individuellement; et particulièrement celui des princes; car quiconque n'est pas retenu par le frein des lois commettra les mêmes fautes qu'une multitude égarée, et cela peut se vérifier aisément. Il y a eu des milliers de princes, on sait le nombre des bons et des sages. Je ne parle au reste que de ceux qui étaient maîtres de secouer toute espèce de joug, et parmi ceux-là on ne peut mettre ni les rois qui vécurent en Egypte à l'époque antique où ce pays se gouvernait par ses lois, ni ceux qui naissaient à Sparte, ni ceux qui, de notre temps (1), naissent en France, car cette monarchie est plus réglée par les lois qu'aucun autre Etat moderne. Les princes qui naissent sous de pareilles constitutions ne peuvent pas se mettre sur la ligne de ceux d'après lesquels on peut étudier le caractère propre à tout prince pour le comparer à celui du peuple. On doit mettre en parallèle avec ces princes un peuple gouverné comme eux par des lois; c'est alors qu'on observera dans ce peuple la même bonté que dans ces princes, et on ne le verra ni obéir avec bassesse, ni commander avec insolence.

. . . .
—

On ne peut pas plus blâmer le caractère d'un peuple que celui d'un prince, parce que tous sont également sujets à s'égarer quand ils ne sont retenus par rien. Outre les exemples rapportés, je pourrais en citer une infinité d'autres. Combien n'y a-t-il pas eu de princes, de tyrans, d'empereurs romains, qui ont montré plus de légèreté et d'inconstance que telle populace qu'on voudra choisir ?

(1) Seizième siècle.

Je conclus donc contre l'opinion commune qui veut que le peuple, lorsqu'il domine, soit léger, inconstant, mobile, ingrat, et je soutiens que ces défauts ne sont pas plus inhérents aux peuples qu'aux princes. Les en accuser également, c'est vérité; en excepter les princes, c'est erreur, car un peuple qui commande et qui est réglé par des lois est prudent, constant, reconnaissant autant et même plus, à mon avis, qu'un prince réputé sage. D'un autre côté, un prince dégagé du frein des lois sera ingrat, changeant, imprudent, plus encore qu'un peuple placé dans les mêmes circonstances que lui. La variété de nuance qui existe entre eux ne vient pas de la diversité de leur nature, qui est absolument la même, et qui ne pourrait avoir que des différences à l'avantage du peuple, mais bien du plus ou moins de respect que le peuple et le prince ont pour les lois sous lesquelles ils vivent.

... J'ai prouvé qu'un peuple est moins ingrat qu'un prince. Mais, quant à la prudence et à la stabilité, je soutiens qu'un peuple est plus prudent, plus constant et meilleur juge qu'un prince. Ce n'est pas sans raison qu'on dit que la voix du peuple est la voix de Dieu. On voit l'opinion publique pronostiquer les évènements d'une manière si merveilleuse, qu'on dirait que le peuple est doué de la faculté occulte de prévoir et les biens et les maux. Quant à la manière de juger, on le voit bien rarement se tromper; quand il entend deux orateurs à talents égaux lui proposer deux partis opposés, il prouve, en se décidant pour le meilleur, qu'il est capable de discerner la vérité. S'il est entraîné quelquefois par des opinions brillantes, qui ne contiennent en somme qu'une apparence d'utilité, un prince n'est-il pas plus entraîné par sa passion que le peuple ? Qu'on les compare dans le choix des magistrats, le peuple n'en fait-il pas d'infiniment meilleurs qu'un prince? Parviendra-t-on jamais à lui persuader d'élever à des dignités un homme infâme et de mœurs corrompues ? Et cependant quels moyens aisés de le persuader à un prince! Enfin, si le peuple a pris quelque chose en aversion, ne le voit-on pas persévérer dans sa haine et garder son opinion pendant des siècles? Les princes montrent-ils pareille constance? Je vais appuyer ces deux assertions sur une preuve irrécusable que me fournit le peuple romain.

Pendant plusieurs siècles, parmi tant d'élections de tribuns, de consuls, il n'y eut pas quatre choix dont ce peuple eût à se repentir. Il eut tant d'horreur pour le nom de roi, que nul service rendu ne put faire échapper à sa vengeance le citoyen qui voulut l'usurper.

—

Ajoutons, d'ailleurs, que les peuples, quand ils

gouvernent, font en peu de temps des progrès bien plus rapides et plus grands que lorsqu'ils vivent sous des princes. Qu'on se rappelle Rome après l'expulsion de ses rois, Athènes après celle des Pisistrates : cette différence ne peut naître que de la supériorité du gouvernement d'un peuple sur celui d'un prince. En vain on m'objecterait ce que notre historien (Tite-Live) a dit, car, si on pèse ensemble les défauts d'un peuple et d'un prince et leurs bonnes qualités respectives, vous verrez les peuples l'emporter infiniment dans la balance ; et, si les princes se montrent supérieurs pour créer des lois, donner une constitution à un pays, établir une nouvelle forme de gouvernement, les peuples leur sont si supérieurs pour maintenir l'ordre établi, qu'ils arrivent sans peine à la gloire de leurs législateurs.

—

En somme et pour conclure, les monarchies et les gouvernements populaires, pour avoir une longue durée, ont eu besoin, les uns et les autres, d'être liés et retenus par des lois. *Un prince qui n'a pour règle que sa volonté est un insensé,* un peuple qui peut faire tout ce qu'il veut n'est pas sage ; mais si vous comparez un prince et un peuple liés et enchaînés par des lois, vous verrez toujours plus de vertus dans le peuple que dans le prince. Si vous les comparez tous deux affranchis de toute contrainte des lois, vous verrez moins d'erreurs dans le peuple que dans le prince; les torts du peuple étant moins grands, il sera plus facile d'y remédier. Un homme de bien peut souvent, par son éloquence, ramener un peuple licencieux et mutin ; mais nul ne peut faire revenir un prince, et l'on n'a d'autre moyen que la force. Que l'on juge de la gravité de leurs maladies respectives par la différence des remèdes. Pour guérir les maux du peuple, il ne faut souvent que quelques paroles; pour guérir ceux du prince, il faut toujours employer le fer : de ces deux maladies, laquelle jugera-t-on la plus dangereuse ?

—

Dans le moment où un peuple est le plus emporté, il n'y a pas lieu de craindre les excès auxquels il peut se livrer pour le moment, et on a moins peur du présent que du mal qui peut en provenir, puisque de grands troubles peuvent faire naître un tyran. Mais, chez les méchants princes, au contraire, c'est le mal du moment qu'on redoute, et on n'espère qu'en l'avenir, car on se flatte que l'excès de la tyrannie peut amener quelque liberté. De cette manière, vous voyez la différence qu'il y a de l'un à l'autre : elle est du présent à l'avenir.

—

Les cruautés du peuple ne s'exercent que contre ceux qu'il soupçonne d'en vouloir au bien public; celles d'un prince sont, au contraire, dirigées contre ceux qu'il redoute comme ennemis de son intérêt particulier. Mais veut-on savoir d'où naît le préjugé défavorable au peuple généralement répandu ? C'est que tout le monde a la liberté d'en dire ouvertement le plus grand mal, même au moment où il domine avec le plus d'empire; au lieu que ce n'est qu'avec la plus grande circonspection et en tremblant qu'on parle mal d'un prince.

LXX

Puisqu'on voit tous les jours un prince faire alliance avec un prince, une république avec une république, qu'également encore des princes s'allient avec des républiques, et celles-ci avec des princes, examinons lequel des deux est plus fidèle, plus constant et plus sûr, d'un prince ou d'une république. Après avoir tout pesé, je pense qu'ils se ressemblent en beaucoup de cas et qu'ils diffèrent aussi en beaucoup d'autres.

Je crois d'abord que ni l'un ni l'autre n'observeront fidèlement des traités dictés par la force; je crois que, si l'un ou l'autre voient l'Etat en danger, ils ne manqueront pas, pour le sauver, d'user de mauvaise foi et d'ingratitude.

Là où la crainte domine, là aussi la foi est gardée au même degré, soit de la part d'une république, soit de la part d'un prince, et, si l'un ou l'autre s'exposent à périr pour demeurer fidèles, les mêmes motifs pourront encore les déterminer à tenir cette conduite. Quant au prince, il peut se faire qu'il soit allié d'un prince puissant qui, s'il ne peut le secourir pour le moment, pourra du moins, avec le temps, le rétablir dans ses Etats. Il peut croire aussi qu'après s'être montré partisan de celui qui a été vaincu, il ne puisse obtenir une paix solide et sincère de la part du vainqueur.

—

Je crois, après avoir tout mûrement balancé, que, dans les occasions qui présentent un danger imminent, on trouvera plus communément plus de constance dans une république que dans un prince. Je suppose que celle-ci ait les mêmes intentions que le prince, la lenteur de ses mouvements lui fera mettre plus de temps à se déterminer et par conséquent elle sera moins promptement infidèle.

—

C'est par intérêt qu'on rompt les alliances, et c'est en ceci que les républiques surpassent de beaucoup les princes en fidélité. Il serait facile de prouver par quelques exemples que le plus petit intérêt détermine souvent un prince à manquer de foi, comme on pourrait démontrer par d'autres preuves que les plus grands avantages n'ont pu déterminer des républiques à en manquer.

—

Je ne parle pas de la rupture des traités à raison de leur inobservation, rien de plus ordinaire. Je ne veux parler que de ceux que l'on rompt pour des causes plus particulières. Je crois avoir prouvé que, le peuple étant moins sujet à se tromper, on peut se fier avec plus de sûreté à lui qu'au prince.

LXXI

Tous les hommes louent le passé, blâment le présent, et souvent sans raison. Ils sont tellement partisans de ce qui a existé autrefois, que non seulement ils vantent ces temps qu'ils ne connaissent que par les tableaux que les historiens nous ont laissés, mais, devenus vieux, on les entend prôner encore ce qu'ils se souviennent d'avoir vu dans leur jeunesse. Leur opinion est le plus souvent erronée. Or, voici, je pense, les principales causes de leurs préventions.

La première, c'est qu'on ne connaît jamais la vérité tout entière sur le passé. On cache le plus souvent celles qui déshonoreraient un siècle, et, quant à celles qui sont faites pour l'honorer, on les amplifie, on les rend en termes pompeux et emphatiques. La plupart des écrivains obéissent tellement à la fortune des vainqueurs que, pour rendre leurs triomphes plus éclatants, non seulement ils exagèrent leurs succès, mais jusqu'à la défense des ennemis vaincus; en sorte que les descendants des uns et des autres ne peuvent s'empêcher d'admirer les hommes qui ont figuré d'une manière si brillante, de les vanter et de s'y attacher.

La seconde raison, c'est que les hommes n'éprouvent aucun sentiment de haine qui ne soit fondé ou sur la crainte naturelle ou sur l'envie. Ces deux puissants motifs n'existant plus dans le passé par rapport à nous, nous n'y trouvons ni qui nous puissions redouter, ni qui nous devions envier. Mais il n'en est pas ainsi des évènements où nous sommes nous-mêmes acteurs ou qui se passent sous nos yeux : la connaissance que nous en avons est entière et complète; rien ne nous en est dérobé. Ce que nous y apercevons de bien est tellement mêlé de choses qui nous déplaisent, que nous sommes forcés d'en porter un jugement moins avantageux que du passé, quoique souvent le présent mérite réellement plus de louanges et d'admiration. Je ne parle point des monuments des arts, dont le mérite brille de lui-même avec tant d'éclat, que les temps peuvent à peine influer ou en bien ou en mal sur l'impression qu'ils produisent. Il n'est ici question que des actions de la vie et des mœurs des hommes qui ne portent point avec elles des témoignages évidents.

Je répéterai donc que rien n'est plus général que l'habitude de louer le passé et de dénigrer le présent. Mais il n'est pas vrai qu'elle trompe toujours. En effet, il faut bien quelquefois que nos jugements s'accordent avec la vérité, d'après le mouvement perpétuel des humains, tendant sans cesse à déchoir ou à se relever.

—

Les hommes se trompent quand ils décident lequel vaut mieux du présent ou du passé, attendu qu'ils n'ont pas une connaissance aussi parfaite de l'un que de l'autre, le jugement que portent des vieillards sur ce que dans leur jeunesse ils ont vu, bien observé, bien connu, semblerait n'être pas également dépourvu d'erreur. Cette remarque serait juste, si les hommes, à toutes les époques de leur vie, conservaient la même force de tête et de jugement et s'ils étaient affectés des mêmes passions; mais ils changent, et, quoique les temps ne changent pas réellement, ils ne peuvent paraître les mêmes à des hommes qui ont d'autres passions, d'autres goûts et une autre manière de voir. Nous perdons beaucoup de nos forces physiques en vieillissant, et nous gagnons en jugement et en prudence; ce qui nous paraissait supportable ou bon dans notre jeunesse, nous paraît mauvais et insoutenable, nous devrions n'accuser de ce changement que notre jugement; nous en accusons les temps.

D'ailleurs, les désirs de l'homme sont insatiables ! Il est dans sa nature de vouloir et de pouvoir tout désirer, et sa fortune borne ses moyens d'acquérir. Il en résulte pour lui un mécontentement habituel, un dégoût de ce qu'il possède, c'est ce qui le fait blâmer le présent, louer le passé, désirer l'avenir, et tout cela sans aucun motif raisonnable.

LXXII

On découvre aisément d'où naît la passion d'un peuple pour la liberté. L'expérience prouve que jamais les peuples n'ont accru et leur richesse et leur puissance que sous un gouvernement libre.

LXXIII

C'est le bien général et non l'intérêt particulier qui fait la puissance d'un État, et, sans contredit on n'a en vue le bien public que dans les républiques. On ne s'y détermine à faire que ce qui tourne à l'avantage commun, et si par hasard on fait le malheur de quelques particuliers, tant de citoyens y trouvent de l'avantage, qu'ils sont toujours assurés de l'emporter sur ce petit nombre d'individus dont les intérêts sont blessés.

Le contraire arrive sous le gouvernement d'un prince; le plus souvent son intérêt particulier est en opposition avec celui de l'Etat. Aussi un peuple libre est-il asservi, le moindre mal qui puisse lui arriver est d'être arrêté dans ses progrès et de ne plus accroître ni ses richesses ni sa puissance; mais le plus souvent il ne va plus qu'en déclinant. Si le hasard lui donne pour tyran un homme plein d'habileté et de courage, qui recule les bornes de son empire, ses conquêtes seront sans utilité pour la république et ne seront profitables qu'au prince seul. Elèvera-t-il aux places des hommes de talent, lui qui les tyrannise et ne veut pas avoir à les craindre ? Soumettra-t-il les pays voisins pour les rendre tributaires d'un Etat qu'il opprime ? Rendre cet État puissant n'est pas ce qui lui convient, son intérêt est de tenir chacun de ses membres divisé, et que chaque province, chaque terre ne reconnaisse que lui pour maître. Ainsi la patrie ne tire aucun avantage de ses conquêtes, elles ne servent que les intérêts du tyran.

LXXIV

Pour quelle raison les hommes d'à présent sont-ils moins attachés à la liberté que ceux d'autrefois ? Pour la même, je pense, qui fait que ceux d'aujourd'hui sont moins forts; et c'est, si je ne me trompe, la différence d'éducation fondée sur la différence de religion. Notre religion, en effet, nous ayant montré la vérité et le seul chemin du salut, fait que nous mettons moins de prix à la gloire du monde. Les païens, au contraire, qui l'estimaient beaucoup, qui plaçaient en elle le souverain bien, apportaient dans leurs actions beaucoup plus de force et d'énergie, c'est ce qu'on peut inférer de la plupart de leurs institutions, à commencer par la magnificence de leurs sacrifices, comparée à l'humilité de nos cérémonies religieuses, dont la pompe plus simple qu'imposante, n'a rien d'énergique ou de formidable. Leurs cérémonies n'étaient pas seulement pleines de pompe et de majesté, on y joignait des sacrifices ensanglantés par l'immolation d'un grand nombre d'animaux, spectacle qui contribuait singulièrement à rendre les hommes violents et féroces. En outre, la religion païenne ne déifiait que des hommes d'une gloire mondaine, des généraux d'armée, des chefs de république. Notre religion couronne plutôt les vertus humbles et contemplatives que les vertus actives, elle place le bonheur suprême dans l'humilité, l'abnégation, le mépris des choses humaines. Le culte païen, au contraire, faisait consister le souverain bien dans la grandeur d'âme; la force du corps et toutes les qualités qui rendent les hommes redoutables. Si la nôtre exige quelque force d'âme, c'est pour nous disposer à souffrir plutôt qu'à agir énergiquement.

Il me paraît donc que le christianisme, en rendant les peuples plus faibles, les a disposés à être plus facilement la proie des méchants. Ceux-ci ont vu qu'ils pouvaient tyranniser sans crainte des hommes qui, pour aller en paradis, sont plus disposés à supporter des injures qu'à les venger. Mais si ce monde où nous vivons est amolli, si le ciel paraît ne devoir plus s'armer, n'en accusons que les vils instincts de ceux qui ont expliqué notre religion d'une manière plus commode pour la paresse que favorable à la vertu. S'ils avaient étudié cette religion avec des inspirations généreuses, ils auraient vu qu'elle nous ordonne d'aimer la patrie, de l'honorer, et de nous exercer à toutes les vertus qui peuvent servir à la défendre. (1)

Ces fausses interprétations, et la mauvaise éducation qui en est la suite, sont donc cause qu'on voit aujourd'hui bien moins de Républiques qu'on n'en voyait autrefois, et que les peuples, par conséquent, ont moins d'amour pour la liberté.

LXXV

Les seuls Etats libres, dans tous les pays du monde, peuvent avoir de grands succès. La popu-

(1) Il est bon de se rappeler en lisant tout ce qui précède que Machiavel écrivait au xvie siècle, en italien, à une époque et dans un pays de foi.

lation y est plus considérable parce que les mariages contractés librement présentent plus d'avantages aux citoyens. Chaque individu ne met volontiers au monde que les enfants qu'il croit pouvoir nourrir sans crainte de voir enlever son patrimoine, et, lorsqu'il sait que non seulement ils naissent libres, mais qu'ils peuvent, avec du talent, devenir chefs de la République, cette confiance sert à multiplier indéfiniment et les richesses de l'agriculture et celles de l'industrie. Chaque citoyen s'empresse d'accroître et d'acquérir des biens qu'il est assuré de conserver, et tous à l'envi les uns des autres, travaillant au bien général par cela même qu'ils s'occupent de leur avantage particulier, élèvent leur pays au plus haut point de prospérité.

LXXVI

On peut commencer la guerre quand on veut, mais on ne la finit pas de même. Il est donc du devoir d'un prince, avant de former une entreprise, de mesurer ses forces et de régler sur elles ses projets. Mais il doit être assez sage pour ne pas se faire illusion dans cet examen. Il se trompera toujours s'il calcule ses forces d'après ses ressources d'argent, la situation de son pays, et la bienveillance de ses alliés. Tous ces avantages augmentent bien les forces, mais ne les donnent pas; ils sont nuls seuls et par eux-mêmes ; ils ne peuvent servir sans le secours d'une armée à toute épreuve. Tous les trésors ne sont rien sans de bonnes troupes. La puissance d'un pays ne le défend pas seule; la fidélité, la bienveillance des alliés, ne durent point; êtes-vous hors d'état de les défendre à votre tour, ils ne peuvent vous être fidèles. Les montagnes, les lacs, les lieux les plus inaccessibles deviennent d'un accès facile, quand ils sont dépourvus de vaillants défenseurs. Les trésors, au lieu de servir, ne servent qu'à exciter de plus en plus contre vous la cupidité des ravisseurs, et il n'y a pas d'opinion plus fausse que celle qui veut que l'argent soit le nerf de la guerre.

LXXVII

On se ménage bien des avantages en attendant son ennemi. On peut, en étant bien assuré de ses approvisionnements, l'inquiéter très fortement sur les siens ainsi que sur les moyens de se procurer les objets de toute nature nécessaires à une armée. Par la connaissance plus particulière qu'on a du pays, on peut opposer de nombreux obstacles à ses desseins. On peut l'attaquer avec plus de forces, parce qu'on peut aisément les réunir toutes, tandis qu'il n'a pu amener toutes les siennes. Enfin on peut facilement rétablir les chances après une bataille perdue; en effet, comme il se peut que vous sauviez quelques débris de votre armée, à raison des retraites sûres que l'on rencontre à chaque pas, et comme les renforts nécessaires pour réparer les pertes ne viennent jamais de loin, il arrive que vous risquez toutes vos forces sans risquer toute votre fortune, au lieu que, dans une guerre lointaine, vous risquez votre fortune sans mettre en jeu toutes vos forces. Quelques-uns, afin de mieux affaiblir leur ennemi, l'ont laissé, pendant quelques journées, s'emparer d'assez de territoire pour diminuer ses forces par les garnisons qu'il est obligé d'y mettre ; cette tactique leur permet ensuite de le combattre avec plus d'avantage.

—

Quand les peuples sont armés, comme l'étaient les Romains et comme le sont aujourd'hui les Suisses, ils sont d'autant plus difficiles à vaincre, qu'on les attaque de plus près. Ces Etats peuvent rassembler plus de forces pour repousser une invasion que pour porter la guerre chez leurs ennemis.

—

Les Suisses sont faciles à vaincre loin de leur pays, hors duquel ils ne peuvent envoyer plus de trente ou quarante mille hommes ; mais les vaincre sur leurs propres foyers, où ils peuvent en armer cent mille, est chose très difficile.

LXXVIII

Je crois que c'est chose qui arrive très rarement ou même qui n'arrive jamais, de s'élever d'un Etat médiocre à un rang très élevé, sans employer ou la force ou la mauvaise foi, à moins qu'on y parvienne par héritage ou par donation. Je ne crois pas même que la force ait jamais suffi, mais on trouvera que la ruse seule y a fait quelquefois parvenir. C'est ce dont on peut se convaincre en lisant la vie de Philippe de Macédoine, celle d'Agathocle de Sicile, et de plusieurs autres qui, comme ceux-ci, de l'Etat le plus bas ou le plus médiocre, sont parvenus au trône et à fonder de grands empires. Xénophon démontre, dans la vie de Cyrus, la nécessité de tromper pour réussir. Voyez la première expédition qu'il fait faire à Cyrus contre le roi d'Arménie : c'est un tissu de tromperies, et c'est uniquement par la ruse et non par la force qu'il le fait s'emparer de son empire. Xénophon n'en conclut autre chose, sinon qu'un prince qui veut parvenir à de grands résultats doit apprendre l'art de tromper.

LXXIX

Comme on est obligé de convenir de la vérité de ce que l'histoire nous raconte de l'infanterie des anciens, on devrait également croire à ce qu'elle nous rapporte sur l'utilité des autres institutions adoptées par eux. Les princes et les Républiques feraient alors bien moins de fautes ; on soutiendrait plus valeureusement l'attaque de l'ennemi quand il vient fondre sur nous ; on ne mettrait pas ses espérances dans la fuite, et ceux qui auraient en main le Gouvernement des Etats seraient plus éclairés sur les moyens de s'agrandir ou sur ceux de se conserver. Les Républiques sauraient qu'accroître le nombre de ses citoyens, se donner des compagnons au lieu de sujets, établir des colonies pour garder les pays conquis, réunir au trésor public tout le butin, dompter l'ennemi par des incursions et des batailles et non par des sièges, maintenir l'Etat riche et le citoyen pauvre, entretenir avec le plus grand soin la discipline militaire, sont les plus sûrs moyens d'agrandir un Etat et de se former un vaste empire et, si ces moyens ne leur convenaient pas, ils mettraient un frein à toute ambition en établissant de bonnes lois et de bonnes mœurs, en s'interdisant les conquêtes, en se bornant à se défendre et à y être toujours prêts.

LXXX

Tout agrandissement est nuisible de toute manière ; on s'agrandit sans se fortifier, et s'agrandir sans se fortifier, c'est se ruiner et se détruire.

Peut-on en effet se fortifier quand on s'appauvrit par des guerres et même par des victoires, et lorsque les conquêtes coûtent plus qu'elles ne rapportent ?

LXXXI

Pour connaître combien sont souvent fausses les opinions des hommes, il suffit d'avoir été admis à quelqu'une de leurs assemblées délibérantes; elles auraient toutes les résultats les plus absurdes si des hommes supérieurs ne prenaient soin de les diriger. Mais, comme dans les Républiques corrompues et aux moments de tranquillité, soit jalousie, soit ambition, on hait les hommes supérieurs, on donne la préférence à ce qui est approuvé par l'erreur commune, ou à ce qui est proposé par des hommes plus jaloux de plaire au public que de travailler à ses intérêts. On s'aperçoit de son erreur lorsque le malheur vient fondre sur soi, et l'on se jette par nécessité dans les bras des hommes qu'on avait négligés dans la prospérité.

LXXXII

De toutes les positions, pour une République ou un prince, la plus fâcheuse sans doute est celle où il ne peut ni goûter la paix ni soutenir la guerre. C'est à ce triste état que sont réduits les peuples pour qui les conditions de la première sont trop dures, et la seconde impossible, à moins de devenir la proie de leurs alliés ou celle de leurs ennemis. On arrive à ces termes fâcheux pour avoir suivi de mauvais conseils, pour avoir embrassé de mauvais partis et pour avoir mal apprécié ses forces.

LXXXIII

Je dis que le prince ou la République, qui a peur de ses sujets et qui craint qu'ils ne se révoltent, n'éprouve ce sentiment que parce qu'il s'est fait haïr. Les mauvais traitements sont la source de cette haine, la cause des mauvais traitements c'est l'opinion du prince qui croit qu'il aura la force de contenir ses sujets, ou le peu de sagesse et d'habileté qu'il déploie pour les gouverner.

LXXXIV

Il est du devoir d'un général, ou du chef d'une République, d'employer tous les moyens que la prudence lui suggère pour empêcher le soldat et le citoyen de s'injurier entre eux ou d'injurier l'ennemi. On a vu les maux que cette licence entraîne quand elle est dirigée contre l'ennemi : entre le soldat et le citoyen, c'est bien pis encore, surtout si on n'a soin d'en réparer promptement l'effet, comme les gens sages ont toujours soin de le faire.

LXXXV

Ce qu'il faut tenir surtout en état de défense,

de force et de vie, c'est le cœur d'un empire et non ses extrémités; on peut avoir perdu celles-ci sans cesser d'exister, mais la vie tient à l'existence du cœur.

LXXXVI

Il faut que les principes des religions, des Républiques ou des monarchies, aient en eux-mêmes une force, une vie qui leur rende leur premier éclat, leur première vigueur; et comme ce principe s'use et s'affaiblit avec le temps, il faut de toute nécessité qu'il succombe, si son action n'est souvent ranimée.

LXXXVII

Les hommes qui vivent en société, sous quelque forme de Gouvernement que ce soit, ont besoin d'être ramenés souvent vers eux-mêmes ou aux principes de leurs institutions par des crises extérieures ou intérieures.

LXXXVIII

Ce renouvellement n'est pas moins nécessaire pour les religions, et la nôtre même en fournit la preuve. Elle eût été entièrement perdue, si elle n'eût pas été ramenée à son principe par Saint François et Saint Dominique. Ceux-ci, par la pauvreté dont ils firent profession, et par l'exemple du Christ qu'ils prêchèrent, en ranimèrent les sentiments dans les cœurs où elle était déjà bien éteinte. Les nouveaux ordres qu'ils établirent furent si puissants, qu'ils empêchèrent que la religion ne fût perdue par les mœurs licencieuses des évêques et des chefs de l'église. Ces ordres se maintiennent dans la pauvreté, et ils ont une grande influence sur le peuple au moyen de la confession et de la prédication, qui lui ont servi à lui persuader qu'il est mal de médire de ceux qui gouvernent mal, qu'il est bon et utile de leur montrer obéissance, et de laisser à Dieu seul le soin de punir leurs égarements. Il est vrai que les gouvernants, ne craignant pas le châtiment divin, qui n'est pour eux d'aucune évidence, se sont conduits de mal en pis.

LXXXIX

Que les princes se pénètrent de cette vérité, qu'ils commencent à perdre le trône à l'instant même où ils violent les lois, où ils s'écartent des anciennes institutions et où ils abolissent les coutumes sous lesquelles les hommes ont vécu longtemps. Si, privés de leur rang, ils devenaient assez éclairés pour connaître avec quelle facilité les Etats se gouvernent quand les princes se conduisent sagement, ils seraient bien plus douloureusement encore affectés de leur chute, et se condamneraient à des peines bien plus sévères même que celles qu'ils ont subies. Il est bien plus aisé de se faire aimer des bons que des mauvais, et d'obéir aux lois que de les dominer...

Les peuples, quand ils sont bien gouvernés, ne cherchent ni ne désirent aucun autre régime.

XC

Ce qui assure aux républiques une existence plus longue et une santé plus vigoureuse et plus soutenue qu'aux monarchies, c'est de pouvoir, par la variété et la différence de génie de leurs citoyens, s'accommoder bien plus facilement que celles-ci aux changements opérés par le temps. Un homme habitué à une certaine ligne de conduite ne saurait en changer; il faut nécessairement, quand les temps ne peuvent s'accorder avec ses principes, qu'il succombe.

. . . . , ...

Deux choses s'opposent à de pareils changements (les changements de caractère et d'allure du prince) : d'abord, c'est l'impossibilité où nous sommes de résister à la pente du naturel qui nous entraîne, ensuite, la difficulté de se persuader qu'après avoir eu les plus grands succès en se conduisant de telle manière, on pourra réussir également en suivant une autre ligne de conduite. C'est ce qui fait que la fortune ne traite pas toujours également un homme; en effet, elle change les circonstances, et lui ne change point sa méthode. Les États eux-mêmes finissent faute de changer avec les temps; mais ces changements sont plus lents dans les républiques, parce qu'ils s'y font plus difficilement. En effet, il faut qu'ils soient tels, qu'ils ébranlent l'État tout entier, et un homme seul, quel que soit son changement de conduite, ne suffit pas pour produire cet ébranlement.

XCI

L'affection du peuple pour un prince, le dévouement de l'armée à ses intérêts, sont parfaitement d'accord avec les principes du pouvoir dont il est revêtu. Mais dans une république, l'affection exclusive de l'armée pour son chef n'est, pour ainsi dire, point en harmonie avec les autres institutions qui obligent ce citoyen à vivre dans la soumission aux lois et aux magistrats.

XCII

Je dirai qu'un État républicain ne peut subsister, ni se bien gouverner, s'il n'a pas de citoyens qui sachent se distinguer; mais d'un autre côté, cette considération qu'ils acquièrent le conduit à la servitude. Pour prévenir cet inconvénient, il doit régler ses institutions de manière que l'on ne parvienne à cette considération que par des moyens conformes à ses intérêts, à sa liberté, et qui ne puissent lui devenir préjudiciables. Il doit aussi faire attention aux voies que suivent les citoyens pour arriver à ce but, elles peuvent être publiques ou particulières. On suit la première, lorsque l'on se fait un nom en servant bien sa patrie par ses conseils, en la servant encore mieux par ses actions. On doit mettre à ce genre de services, à ce désir de s'illustrer un tel prix, qu'il honore et satisfasse celui qui l'obtient. La réputation qu'on acquiert par des moyens aussi purs et aussi simples ne peut être dangereuse pour l'Etat.

Mais cette réputation expose la république à de grands périls et lui devient très pernicieuse, quand on l'obtient par des voies particulières. Je nomme ainsi les services rendus à des particuliers, en leur prêtant de l'argent, en mariant leurs filles, en les soutenant contre l'autorité des magistrats, et en leur donnant d'autres preuves d'obligeance qui attirent des partisans. De là naissent les coupables projets de corrompre les mœurs et de faire violence aux lois. Une république bien réglée doit donc favoriser ceux qui ne cherchent à s'élever qu'en travaillant au bien général, et opposer un frein à ceux qui seraient tentés de prendre une route opposée.

XCIII

Que les princes ne se plaignent point des fautes commises par les peuples soumis à leur autorité, car elles ne peuvent venir que de leur négligence ou de leurs mauvais exemples. En étudiant les peuples que l'on a vus livrés au brigandage et à d'autres excès de ce genre, on reconnaît qu'il faut en accuser leurs gouvernements coupables des mêmes désordres.

XCIV

« Les peuples, a dit Laurent de Médicis, fixent toujours les yeux sur leurs chefs ; l'exemple de ceux qui sont à leur tête est une loi pour eux. »

XCV

Parmi les traits admirables puisés par Tite-Live dans les actions et les discours de Camille, pour tracer le portrait d'un grand homme, il met dans sa bouche ces paroles : « La dictature n'a point enflé mon courage, et l'exil ne l'a point abattu. » Ces mots indiquent que la fortune ne peut rien sur les grands hommes. Son inconstance, soit qu'elle les élève, soit qu'elle les abaisse ne change point leurs dispositions, ni leur fermeté d'esprit, tellement inséparable de leur caractère, que chacun reconnaît sans peine qu'ils sont inaccessibles à ses coups.

La conduite des âmes faibles est bien différente. Enorgueillies et enivrées par la bonne fortune, elles attribuent tous leurs succès à des vertus qui leur furent toujours étrangères, et se rendent par là insupportables et odieuses à tout ce qui les environne. Cet excès amène bientôt un changement de fortune, et à peine le malheur se montre-t-il à leurs yeux, qu'elles passent à un excès contraire et deviennent viles et lâches. Il en résulte que les princes de ce caractère songent plutôt à fuir qu'à se défendre dans l'adversité. Comme ils ont fait un mauvais usage de la prospérité, ils ne sont nullement en garde contre les revers.

XCVI

L'insolence dans la prospérité et l'abattement dans les revers sont une suite des mœurs et de l'éducation. Si celle-ci est sans énergie, ils sont sans énergie comme elle. Une éducation différente donne à l'homme un caractère bien différent, en lui apprenant à mieux connaître le monde, elle lui apprend aussi à montrer moins d'ivresse dans le succès et moins d'abattement dans l'adversité. Ce que nous disons d'un seul homme peut s'appliquer aux citoyens d'une république, qui s'y forment tous d'après les mœurs qui y dominent.

Il ne me paraît point hors de propos de répéter ici ce que j'ai déjà dit ailleurs, que les armées bien composées sont l'appui le plus solide des États, et qu'il ne peut y avoir sans elles ni lois sages, ni aucun établissement utile ; on en retrouve la nécessité à chaque page de l'histoire romaine. Il est constant aussi qu'un État ne peut avoir de bonnes troupes si elles ne sont exercées, et qu'elles ne peuvent l'être, si elles ne sont pas composées d'éléments nationaux. Il est impossible que l'on soit toujours en guerre, et, comme une armée doit être exercée également en temps de paix, il arrive que ce moyen est impraticable à cause de la dépense qu'il occasionne, quand cette armée n'est pas uniquement composée de citoyens.

Pour rendre une armée victorieuse, il faut lui inspirer tant de confiance, qu'elle se croie assurée de vaincre, quelque chose qui arrive. On y parvient facilement quand les soldats sont bien armés, bien disciplinés, et qu'ils se connaissent mutuellement; mais tout cela exige qu'ils aient été élevés et aient vécu ensemble.

Il faut aussi que le général mérite leur confiance par son habileté. Il est sûr de l'obtenir s'ils reconnaissent en lui de l'ordre, une sage prévoyance, un courage à toute épreuve, et s'il sait tenir son rang avec la dignité qui lui convient. Pour y réussir, il doit punir à propos, ne pas fatiguer sa troupe inutilement, être fidèle à ses promesses, montrer la victoire comme aisée, et passer sous silence ou atténuer ce qui pourrait faire entrevoir le danger. Ces maximes bien suivies remplissent les troupes d'une assurance qui est le gage infaillible du succès.

XCVII

Il faut avouer que la position de ceux qui dirigent une République ou d'un prince est très épineuse; ils trahissent leur devoir s'ils ne donnent pas tous les conseils qu'ils croient salutaires; s'ils les donnent, ils exposent leur crédit et même leur vie; car tous les hommes sont tellement aveugles, qu'ils ne jugent d'un conseil bon ou mauvais que par l'évènement.

En réfléchissant à la route que l'on doit tenir pour éviter ce double écueil de la honte ou du danger, je n'en vois pas d'autre que de proposer les choses avec modération, de ne point se les rendre personnelles, d'en dire son avis sans passion, de le défendre avec calme et modestie, de manière que, si la République ou le prince se décident à le suivre, il paraisse que ce soit volontairement et non pour céder à des instances importunes. En se conduisant ainsi, il n'est pas probable que le peuple ou le prince vous sachent mauvais gré d'une résolution qui n'a pas été prise contre le vœu du plus grand nombre. C'est lorsqu'un avis a beaucoup de contradicteurs qu'il devient dangereux; car, si les suites en sont fâcheuses, tous se réunissent pour vous accabler. La route que je trace fait perdre la gloire que l'on acquiert en donnant, seul contre tous, un conseil qui vient à être justifié par le succès; mais on est dédommagé par deux autres avantages; le premier est de ne courir aucun risque, le second consiste dans l'opinion qui rejaillit sur vous si l'opinion de ceux qui ont fait rejeter l'avis que vous proposiez avec beaucoup de ménagements entraîne des malheurs.

Quoique vous ne puissiez vous réjouir de cette gloire acquise aux dépens de votre république ou de votre prince, on doit cependant en tenir quelque compte.

XCVIII

Ce ne sont pas les titres qui honorent les hommes ; ce sont les hommes qui honorent les titres.

XCIX

Lorsque les consuls et l'armée romaine furent entourés par les Samnites dans les défilés de Caudium, ces ennemis leur proposèrent les conditions les plus honteuses, comme de les faire passer sous le joug et de les renvoyer à Rome désarmés. De pareilles propositions jetèrent les consuls dans la stupeur et l'armée dans le désespoir ; mais Lentulus l'un des lieutenants, dit que, pour sauver la patrie, il ne fallait repousser aucune condition. Il ajouta que, le salut de Rome reposant sur cette armée, on devait la sauver à tout prix ; que la patrie doit toujours être défendue, quelque moyen qu'on y emploie, honteux ou honorable ; que Rome, en conservant cette armée, aurait toujours le temps de racheter sa honte, mais que, si on la laissait périr, fût-ce même avec gloire, c'en était fait de Rome et de sa liberté. Son avis fut adopté.

Ce trait est digne des remarques et des réflexions de tout citoyen qui se trouve obligé de donner des conseils à sa patrie. S'il s'agit de délibérer sur son salut, il ne doit être arrêté par aucune considération de justice ou d'injustice, d'humanité ou de cruauté, de honte ou de gloire. Le point essentiel qui doit l'emporter sur tous les autres, c'est d'assurer son indépendance et sa liberté.

C.

Les hommes sages disent avec raison que, pour prévoir l'avenir, il faut étudier le passé, parce que les évènements de ce monde ont, en tout temps, des rapports bien marqués avec ceux des temps qui les ont précédés. Produits par des hommes qui sont et ont toujours été animés des mêmes passions, ils doivent nécessairement avoir les mêmes résultats. Il est vrai que l'on est plus ou moins vertueux, suivant qu'on est de tel ou tel pays, et selon la forme que l'éducation imprime aux mœurs publiques.

Ce qui doit porter à juger l'avenir par le passé, c'est de voir une nation conserver si longtemps le même caractère, être constamment avide ou de mauvaise foi, et développer sans cesse les mêmes vices ou les mêmes vertus.

IMPRIMERIE COLLOMBON ET BRULÉ
22, rue de l'Abbaye, Paris.

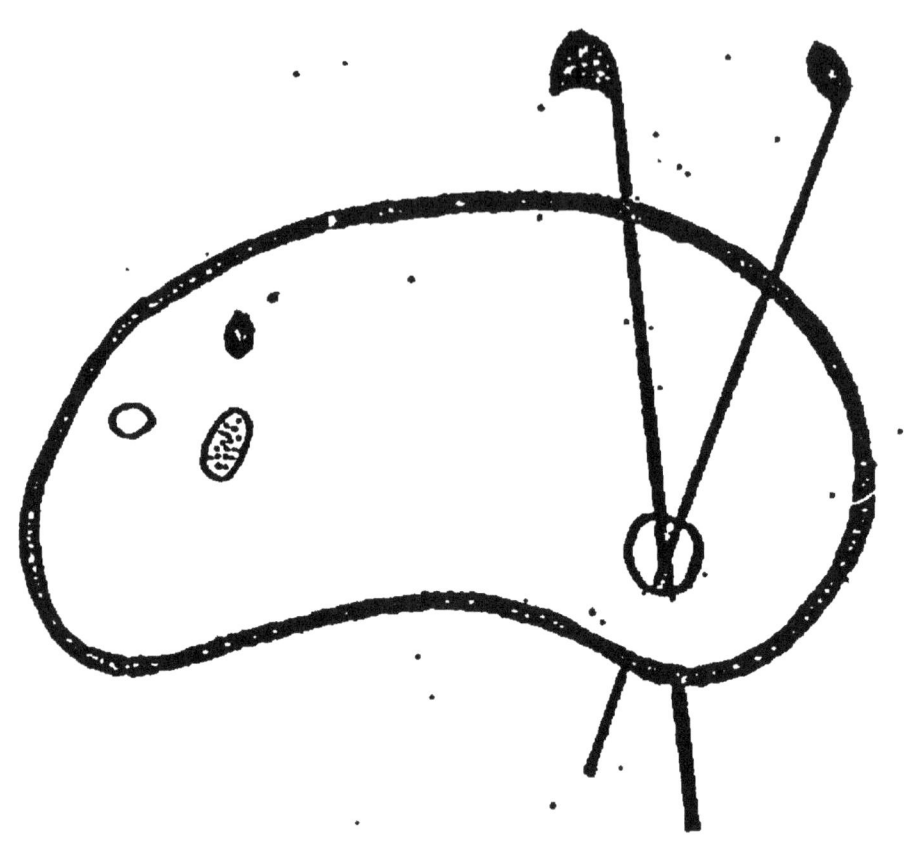

ORIGINAL EN COULEUR
NF Z 43-120-8

www.ingramcontent.com/pod-product-compliance
Lightning Source LLC
Chambersburg PA
CBHW071954110426
42744CB00030B/1427